AF091720

www.ingramcontent.com/pod-product-compliance
Lightning Source LLC
LaVergne TN
LVHW012120070526
838202LV00056B/5805
9788194307471

گل بوٹے سلور جوبلی سیریز

بچّوں کی نظمیں

ابنِ انشا، ساحر لدھیانوی اور افسر میرٹھی

خان حسنین عاقب   مرتّبین   وجاہت عبدالسّتار

محرّک

فاروق سیّد، مدیر گل بوٹے

© جملہ حقوق بحقِ گل بوٹے پبلی کیشن، ممبئی محفوظ ہیں۔

بچوں کی نظمیں - ابنِ انشآ، ساحرؔ اور افسرؔ

مرتبین : خان حسنین عاقبؔ اور وجاہت عبدالستار

محرک : فاروق سیّد

ناشر : گل بوٹے پبلی کیشنز، ممبئی

بسلسلۂ گل بوٹے سِلور جوبلی جشن - ستمبر 2019ء

کمپوزنگ : یسریٰ گرافکس، پونہ

سرورق : ریحان کوثر، کامٹی

ملنے کے لیے رابطہ : 09867169383 (کوثر احمد)
09892461465 (محمد شریف)

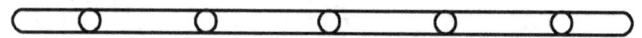

ISBN: 978-81-943074-7-1

Bachchon ki Nazmein - Ibne Insha, Saahir aur Afsar

Compilers: Khan Hasnain Aaquib and Wajahat Abdus Sattar

Motivator: Farooque Sayyed

Publisher: Gul Bootey Publications, Mumbai

Commemorating Gul Bootey Silver Jubilee Celebration - Sept. 2019

عرضِ ناشر

پیارے بچو!

السلام علیکم ورحمۃ اللہ!

آج کا دن اور یہ خوب صورت موقع ہمارے لیے کسی انمول تحفے سے کم نہیں۔ آج ہمارا پسندیدہ رسالہ ماہنامہ 'گل بوٹے' ممبئ اپنی تاسیس کے پچیس سال مکمل کررہا ہے۔ اس پرمسرّت موقع پر ہم اللہ ربّ العزت کی بارگاہ میں نذرانۂ تشکر پیش کرتے ہیں جس نے ہمیں یہ مبارک دن دِکھایا۔ 'گل بوٹے' کی اشاعت کے پچیس برس مکمل ہونے پر ہم اپنے ان تمام ننھے ساتھیوں کو دلی مبارکباد پیش کرتے ہیں جو اپنے پسندیدہ رسالے سے ابتدا ہی سے جڑے رہے۔ جنھوں نے گل بوٹے کو اپنا رسالہ سمجھا، اس کا ہر مہینے بڑی شدت سے انتظار کیا، اسے پابندی سے خریدا، اس کے خوب صورت مشمولات کو پسند کیا، اس کی قیمتی باتوں کو ذہن نشین کرکے ان پر عمل کیا۔ ان تمام ساتھیوں کو بھی مبارکباد جو گل بوٹے کی ترویج وترقی اور اسے گھر گھر پہنچانے میں ہمیشہ کوشاں رہے، اس کی ترتیب و اشاعت میں اپنے قیمتی مشوروں سے نوازا، مشکل ترین حالات میں اپنی توجہ اور تعاون سے گل بوٹے کے کم سواد مدیر کی ڈھارس بندھائی، گل بوٹے ٹیم کی کوششوں کو سراہتے ہوئے ان کی حوصلہ افزائی کی، گل بوٹے کے ساتھ سفر کرتے ہوئے اپنے بچپن کو لڑکپن اور لڑکپن کو نوجوانی میں تبدیل کیا۔ آج کا دن ان تمام ننھے فرشتوں اور نوجوان دوستوں کے لیے نویدِ جاں فزا لے کر آیا ہے اور آج یہی تمام ساتھی مبارکباد کے مستحق ہیں۔ آپ تمام کو کامیابی و کامرانی کے یہ پُرمسرّت لمحات بہت بہت مبارک ہوں!

عزیز ساتھیو! ہمارے ملک میں بچوں کے رسائل کی تاریخ درخشاں رہی ہے۔ ایک زمانہ تھا جب ملک کے مختلف شہروں سے بڑی تعداد میں بچوں کے رسائل نکلتے تھے۔ آج بھی قدرے کم تعداد میں سہی لیکن بچوں کے رسائل برابر نکل رہے ہیں۔ ممبئی جیسے اُردو آبادی والے بڑے شہر سے ایک عرصے سے بچوں کے ایک معیاری رسالے کی ضرورت محسوس کی جاتی تھی۔ اللہ کا شکر ہے کہ اس نے ہمیں توفیق بخشی اور ہم نے اللہ کا نام لے کر تن تنہا اس راہ پر قدم بڑھایا اور دیکھتے ہی دیکھتے گل بوٹے کے تئیں ہمارے جنون نے پچیس بہاریں مکمل کرلیں۔ اگرچہ زمانے کی نظر میں پچیس برس کوئی بڑی مدت نہیں ہوتی لیکن کسی رسالے کے لیے اور وہ بھی اُردو زبان میں بچوں کے رسالے کے لیے یہ ایک بہت بڑی مدت ہے۔ یہ ایک ایسی مدت ہے جسے کسی جنون یا دیوانگی کے سہارے ہی پورا کیا جاسکتا ہے۔ ان پچیس برسوں میں گل بوٹے نے ترقی کے کئی رنگ دیکھے۔ پہلے پہل اسے سادے کاغذ پر یک رنگی شائع کیا گیا۔ پھر پرنٹ میڈیا میں آئے انقلابات پر لبیک کہتے ہوئے آرٹ پیپر اور مکمل رنگینی کو اپنایا۔ اِس دوران گل بوٹے زمانے کے شانہ بہ شانہ چلتا رہا لیکن اس نے تعلیمی، اخلاقی اور تہذیبی رہنمائی کے اپنے مشن سے صرفِ نظر نہیں کیا بلکہ فکری طور پر پوری قوت سے اپنے مشن پر ہمیشہ گامزن رہا۔

ہمیں اس حقیقت کا اظہار کرتے ہوئے بڑی مسرت ہورہی ہے کہ جیسے ہی ہم اپنی تاسیس کے پچیسویں سال کی طرف بڑھ رہے تھے، ہم گل بوٹے کی سلور جوبلی کچھ منفرد انداز میں منانے کا سوچ رہے تھے اور جلد ہی ہم نے یہ عزم کیا کہ گل بوٹے کی پچیسویں سالگرہ پر ہم بچوں کے ادب کو نادر موضوعات پر پچیس کتابوں کا تحفہ دیں گے۔ الحمد للہ! ثم الحمد للہ! ہمیں خوشی ہورہی ہے کہ اللہ تعالیٰ نے ہمارے اِس عزم کی لاج رکھ لی اور ہم آج مختلف موضوعات پر پچیس کتابیں شائع کرنے میں کامیاب ہوئے ہیں۔ بچوں کے ادیبوں کی ڈائرکٹری الگ۔

بچوں کے ادب پر یہ پچیس کتابیں گل بوٹے کے ادارۂ تحریر کے رفقا یعنی 'ٹیم گل بوٹے' کی محنتوں کا ثمرہ ہے۔ ان کتابوں میں ٹیم گل بوٹے نے ان تمام موضوعات کو سمیٹنے کی

کامیاب کوشش کی ہے جو اُردو میں بچوں کے ادب کے زرّیں عہد کے گواہ ہیں۔ یہ وہ موضوعات ہیں جو اَب نایاب نہیں تو کمیاب ضرور ہیں البتہ یہ بھی حقیقت ہے کہ آج کسی ایک جگہ دستیاب نہیں۔ ٹیم گل بوٹے نے موضوعات کے انتخاب سے لے کر کتاب کی ترتیب و تدوین تک جس محنتِ شاقہ کا ثبوت فراہم کیا ہے اس کے لیے میں بحیثیت مدیر اور ناشر تمام مرتبین کا شکرگزار ہوں۔ ناسپاسی ہوگی اگر اس موقع پر اپنے عزیز دوست اور بال بھارتی پونہ کے اُردو افسر خان نوید الحق انعام الحق صاحب کا شکریہ ادا نہ کروں جن کی کرشماتی شخصیت نے کتابوں کی ترتیب سے لے کر سلور جوبلی تقریبات کے انعقاد تک ہر مشکل مرحلے میں میرے کندھے سے کندھا ملا کر کام کیا۔ ہر مرحلے پر ثابت قدمی دِکھاتے ہوئے کام کی پہل کی، اپنے وسیع تجربات کی روشنی میں کٹھن مراحل کو آسان بنا دیا اور اپنے آپ کو دامے درمے سخنے کلی طور پر اس کام کے لیے وقف کر دیا۔ ان احسانات کو صرف محسوس کیا جا سکتا ہے۔

زیرِ مطالعہ کتاب 'بچوں کی نظمیں - ابنِ انشا، ساحر لدھیانوی اور افسر میرٹھی' جناب خان حسنین عاقبؔ اور وجاہت عبد الستار نے مرتب کی ہے۔ مرتبین نے حتی الامکان اسے خوب سے خوب تر بنانے کی کوشش کی ہے اس لیے ادارہ گل بوٹے جناب خان حسنین عاقبؔ اور جناب وجاہت عبد الستار کا دِل کی گہرائیوں سے شکریہ ادا کرتا ہے۔

آپ کے اپنے ماہنامے 'گل بوٹے' کے جشنِ سیمیں کے موقع پر ہم ان تمام قلمکاروں، مراسلہ نگاروں اور قارئین کا شکریہ ادا کرتے ہیں جنھوں نے گزشتہ ربع صدی کے دوران ہر مرحلے پر ہمارا تعاون کر کے حوصلہ بڑھایا ہے۔ ہمیں اُمید ہے کہ بچوں کے ادب پر یہ پچیس کتابیں آج کے حالات میں ادبِ اطفال کی راہ متعین کرنے میں مشعلِ راہ ثابت ہوں گی۔ آپ کی گرانقدر آرا کا ہمیں انتظار رہے گا۔

والسلام

فاروق سیّد

مقدمہ

دنیا کی ہر زبان میں لکھے جانے والے ادب میں کچھ شاعر اور ادیب ایسے ہوتے ہیں جن کی شہرت آسمان کی بلندی سے باتیں کرتی ہے۔ یہ شعراء وادیب وہ ہوتے ہیں جو بڑی عمر کے لوگوں کے لیے ادب تخلیق کرکے مشہور ہوتے ہیں۔ اُردو ادب میں بھی ایسے شعرا و اُدبا ہو گزرے ہیں جنھوں نے شہرت کی بلندیوں کو نہ صرف چُھوا بلکہ اس بلندی پر آخر دم تک بنے رہے۔

آج ہم 'گُل بوٹے' کی اس سلور جوبلی سیریز میں بچوں کے لیے ایک اور تحفہ لے کر آئے ہیں۔ جی ہاں! اسے تحفہ ہی کہا جائے گا ورنہ کون سوچ سکتا تھا کہ...

کل چودھویں کی رات تھی ، شب بھر رہا چرچا ترا
کچھ نے کہا یہ چاند ہے ، کچھ نے کہا چہرہ ترا

جیسی مشہورِ زمانہ غزل کے خالق جناب ابنِ انشا اور ترقی پسند تحریک کے نمائندہ شاعر اور فلموں میں

دور رہنا کوئی کمال نہیں
پاس آؤ تو کوئی بات بنے
زندگی بھیک میں نہیں ملتی
زندگی بڑھ کے چھینی جاتی ہے

جیسے جاوداں نغموں کے گیت کار جناب ساحر لدھیانوی نے بچوں کے لیے بھی کچھ لکھا ہوگا۔ حامد اللہ افسر میرٹھی تو ہیں ہی بچوں کے شاعر۔ ان کی نظموں میں تو بچوں کے لیے ایسے ایسے موضوعات ہوتے ہیں جن سے بچوں کو شدید اپنائیت کا احساس ہوتا ہے۔

ماہنامہ گُل بوٹے، ممبئی کے مدیر جناب فاروق سیّد صاحب کی ایما پر ہم نے اپنے

دماغ کو تحریک دی اور بڑی چھان پھٹک کے بعد، بڑی تلاش اور جستجو کے بعد ادب کے ان تینوں استاد شاعروں کی ایسی شعری تخلیقات حاصل کر کے ان کی تدوین و ترتیب کی جو انھوں نے خصوصی طور پر بچوں کے لیے لکھی تھیں۔ کام مشکل اور دشوار ضرور تھا لیکن بڑی محنت کے بعد ہی سہی، ایک کتاب وجود میں آ گئی۔ اس کتاب کے ذریعے ہم ان تین استاد شعرا کو خراجِ عقیدت پیش کرتے ہیں اور ان کی ادبی عظمت کا اعتراف بھی کرتے ہیں۔ ان تینوں شعرا نے بچوں کے لیے جو کچھ لکھا تو اسی مہارت، خیالات کی اسی روانی، الفاظ کی اسی صحت اور زبان کی اسی باریکی کے ساتھ جیسی وہ بڑی عمر کے لوگوں کے لیے لکھتے رہے۔ بلکہ ہم خود بچوں کے لیے ان کی یہ نظمیں پڑھ کر حیران ہوئے جس میں انھوں نے ایسی زبان استعمال کی جو بچوں کی ذہنی سطح، ان کی عمر، ان کی پسند ناپسند، ان کے تجربات و مشاہدات اور ان کے علم سے بالکل مطابقت رکھتی ہے۔ یہ استادی نہیں تو اور کیا ہے؟ ان کی یہ شعری تخلیقات پڑھتے ہوئے ہمیں بالکل احساس نہیں ہوتا کہ اِن شعرا نے کبھی بڑوں کے لیے بھی کچھ لکھا ہوگا۔ آیئے، اب ہم ان شعرا کا مختصر سوانحی تعارف حاصل کرتے ہیں تاکہ آپ کو بھی پتا چلے کہ یہ لوگ کیسے بڑے اور عظیم شاعر اور ادیب تھے!

ابنِ انشؔا:

ابنِ انشؔا اُردو کے اہم شاعر تھے۔ ان کا اصلی نام شیر محمد خان تھا۔ وہ ۱۵ جون ۱۹۲۷ء کو جالندھر کے قریب ایک گاؤں میں پیدا ہوئے۔ انھوں نے ۱۹۴۶ء میں جامعہ پنجاب سے بی اے اور ۱۹۵۳ء میں کراچی یونیورسٹی سے ایم اے کیا۔ انھوں نے اُردو میں شاعری کے علاوہ سفرنامے، ترجمے اور مضامین بھی لکھے۔ 'اس بستی کے اک کوچے میں، چاند نگر، دلِ وحشی اور بلّو کا بستہ' (بچوں کی نظمیں) ان کے اہم شعری مجموعے ہیں۔ 'آوارہ گردی کی ڈائری، دنیا گول ہے، ابن بطوطہ کے تعاقب میں، چلتے ہو تو چین کو چلیے، نگری نگری پھرا مسافر' ابنِ انشؔا کے مشہور سفرنامے ہیں۔ انھوں نے بہت سارے خطوط بھی تحریر کیے جو 'خط انشؔا جی کے' عنوان سے شائع ہو چکے ہیں۔ ان کا انتقال ۱۱ر جنوری ۱۹۷۸ء کو لندن میں ہوا۔

زیرِنظر کتاب' میں شامل ابنِ انشا کی نظمیں ان کی نظموں کے مجموعے 'بلّو کا بستہ' (طبع سوم، سن ۱۹۹۶، لارک پبلشرز، اُردو بازار، کراچی) سے ماخوذ ہیں۔

ساحؔر لدھیانوی:

ساحؔر لدھیانوی کا اصل نام عبدالحئی تھا۔ ان کا شمار اُردو کے اہم شاعروں میں ہوتا ہے۔ ان کی پیدائش ۸ مارچ ۱۹۲۱ء کو لدھیانہ میں ہوئی۔ انھوں نے ابتدائی تعلیم لدھیانہ کے خالصہ کالج اور اعلیٰ تعلیم گورنمنٹ کالج لاہور سے حاصل کی۔ ترقی پسند تحریک سے ساحؔر لدھیانوی کا قریبی تعلق رہا۔ انھوں نے ممبئی آکر بہت سارے فلمی گیت لکھے جس کے لیے انھیں کئی بار فلم فیئر ایوارڈ ملے ہیں۔ انھوں نے بچوں کے لیے بھی بہترین نظمیں لکھیں۔ اپنی ادبی و تعلیمی خدمات کے لیے ساحؔر کو پدم شری ایوارڈ سے بھی نوازا جا چکا ہے۔ انھوں نے ۲۵/ اکتوبر ۱۹۸۰ء کو ممبئی میں وفات پائی۔

زیرِنظر کتاب' میں شامل ساحؔر لدھیانوی کی نظمیں سرور شفیع (ساحؔر کی بہن) کی مرتبہ کتاب 'بچے من کے سچے' (ساحؔر پبلشنگ ہاؤس، پرچھائیاں، جوہو، ممبئی) سے ماخوذ ہیں۔

آپ نے دیکھا! ان شعرا نے کیسے کیسے ادبی کارنامے انجام دیے ہیں! عقل حیران رہ جاتی ہے اور پھر اس کے ساتھ ساتھ انھوں نے ہم بچوں کا بھی کتنا خیال رکھا کہ ایسی پیاری پیاری، ایسی خوبصورت، ایسی سادہ اور آسان زبان میں ہمارے لیے نظمیں کہیں۔

آیئے، اب ہم ان شعرا کی نظمیں پڑھ کر لطف بھی اُٹھائیں اور کچھ سبق بھی سیکھیں۔ یہ بھی یاد رکھیں کہ اب یہ نظمیں آسانی سے دستیاب نہیں ہوتیں۔ اس کتاب کو سنبھال کر رکھیں اور اپنے دوستوں کو پڑھوائیں۔ یہ نظمیں خود یاد کریں اور ہمیشہ یاد رکھیں۔

آپ کا اپنا

خان حسنین عاقبؔ

ایم۔اے (اُردو، انگریزی، تاریخ)

ایم۔ایڈ؛ ایم۔ایس۔ڈبلو، ایل۔ایل۔بی

hasnainaaqib1@gmail.com

بِلّو کا بستہ

ابنِ انشاؔ

بلّو کا بھالو (الف)

(۱)

بلّو کا بھالو
گھر بھر کا خالو

قد اس کا چھوٹا
پیٹ اس کا موٹا

لال اس کی ٹوپی
دھانی لنگوٹی

راشن میں کھائے
گھر بھر کا کوٹا

منہ اس کا ہر دم
رہتا ہے چالو
بلّو کا بھالو

(۲)

میلے میں حلوائی آواز لگاتا ہے

حلوا ہے کلکتے والا میٹھا اور نمکین
لڈّو ہے دو پیسے والا خستہ اور مہین
پیڑے لے لو متھرا والے ایک آنے کے تین
حلوائی سندیلے والا شیخ محمد دین
صبح سے بیٹھا پڑا بجائے بھینس کے آگے بین
حلوا ہے کلکتے والا میٹھا اور نمکین

(۳)

چھوٹی سی بلّو چھوٹا سا بستہ
ٹھونسا ہے جس میں کاغذ کا دستہ
لکڑی کا گھوڑا روئی کا بھالو
چوُرن کی شیشی آلو ، کچالو

بلّو کا بستہ جن کی پٹاری
جب اس کو دیکھو پہلے سے بھاری
لٹو بھی اس میں رسّی بھی اس میں
ڈانڈا بھی اس میں گلّی بھی اس میں
اے پیاری بلّو یہ تو بتاؤ
کیا کام کرنے اسکول جاؤ
اُردو نہ جانو انگلش نہ جانو
کہتی ہو خود کو "بلقیس بانو"
عمر کی اتنی کچی نہیں ہو
چھے سال کی ہو بچی نہیں ہو
باہر نکالو لکڑی کا گھوڑا
گڑیا کے جوتے جمپر ، جرابیں
بستے میں رکھو اپنی کتابیں
منہ نہ بناؤ اسکول جاؤ
اے پیاری بلّو
اے پیاری بلّو

✤✤✤

میلے کی سیر

مل کے چلیں گے میلے بھائی　　جانا نہیں اکیلے بھائی
دھیلے کی پالش منگواؤ　　کٹا پھٹا جوتا چمکاؤ
بائیسکل رسّی سے باندھو　　ٹوپی پر تمغہ چپکاؤ

منہ کو بس پانی سے چپڑو　　صابن کو مت ہاتھ لگاؤ
سوئی نہیں تو گوند تو ہوگا　　کُرتے کے پھٹنے پہ نہ جاؤ
ہاتھ سے ٹیڑھی مانگ نکالو　　آئینہ کیوں دیکھو ، آؤ
مل کے چلیں گے میلے بھائی
جانا نہیں اکیلے بھائی

ایک آواز

آؤ رے لڑکو ٹکٹیں لے لو   سرکس ہے مزے دار
ایک اکنّی نقد نرائن   ہوگا نہیں اُدھار

طوطا دیکھو ہرے رنگ کا   ٹیں ٹیں میں ہشیار
بلّی ہے دو کانوں والی   پاؤں ہیں جس کے چار
بطخ کی ہے چونچ نکیلی   بندر ہے دُم دار
آؤ رے لڑکو ٹکٹیں لے لو
سرکس ہے مزے دار

❖❖❖

دوسری آواز

میں متوالا جھولے والا
میرا نام دلیر
میرے نام کے رعب سے کانپیں   سرکس تک کے شیر
دو پیسے میں تمھیں دکھاؤں   دِلّی اور اجمیر
ٹکا نکالو ، بات نہ ٹالو   اِس میں اتنی دیر
میں متوالا جھولے والا
میرا نام دلیر

❖❖❖

واپسی

آئے تو تھے ہم میلے بھائی
جیب میں ہیں دو ڈھیلے بھائی

سستے سیب نہ کیلے بھائی
یہاں تو بڑے جھمیلے بھائی
بھوک کا دُکھ کیوں جھیلے بھائی
لے لے بھائی، لے لے بھائی
کھانا نہیں اکیلے بھائی
نیم پہ چڑھے کریلے بھائی
اے شیطان کے چیلے بھائی
مار نہ ہم کو ڈھیلے بھائی
پہنچیں گے شاہ ویلے بھائی
سائیکل کون دھکیلے بھائی

❖❖❖

بلّو کی گُڑیا

بلّو کی گڑیا
دیکھو تو بُڑھیا

سرخی لگائے
پوڈر جمائے

فلموں کے گانے
دن رات گائے

آفت کی پُڑیا
بلّو کی گڑیا

❖❖❖

بلّو کا بھالو

(ب)

بلّو کا بھالو کس کا ہے خالو
قد اس کا چھوٹا پیٹ اس کا موٹا
لال اس کی ٹوپی دھانی لنگوٹی
راشن میں کھائے گھر بھر کا کوٹا
منہ اس کا ہر دم رہتا ہے چالو
بلّو کا بھالو
صورت میں بھالو رنگت میں کالو
ناک اس کی گاجر گال اس کے آلو
اوڑھے یہ گوڈر کھائے کچالو
رُک رُک کے بولے دُکھتا ہے تالو
نام اس کا پوچھو راجا رسالو
اے بھائی کالو بلّو کے بھالو
راجا رسالو تو کس کا خالو

❖❖❖

میدوٗ کا طوطا

تین ہماری بہنیں چھوٹی ۔۔۔ مل کر کھائیں آدھی روٹی
نا پتلی نا بالکل موٹی ۔۔۔ میدو ان میں سب سے چھوٹی

میدو نے اک طوطا پالا ۔۔۔ اس طوطے کا رنگ نرالا
نیچے نیلا ، اوپر کالا ۔۔۔ ٹڈے ایسی آنکھوں والا
اس طوطے کی ہوئی پڑھائی ۔۔۔ دن بھر کر کے مغز کھپائی
شام کو دی میدو نے دہائی ۔۔۔ اس طوطے کو لینا بھائی
لاکھ پڑھائیں، خاک نہ بولے ۔۔۔ دُم نہ ہلائے ، چونچ نہ کھولے
بہت کہو تو ہَولے ہَولے ۔۔۔ فرش پہ مارے رہ رہ ٹھولے
بھائی نے سوچا اس کو بلائیں ۔۔۔ چھیڑا جو اس کو دائیں بائیں
طوطا بولا ''کائیں کائیں'' ۔۔۔ میدو بولی ''ہائیں ہائیں''
میں نے اس کو طوطا سمجھا ۔۔۔ یہ طوطا تو کوّا نکلا

اس کوّے کی دُم میں تاگا
اس کے پیچھے چھوڑو کُتا

شہنازی کے کھلونے

شہنازی کی سالگرہ پر بڑے کھلونے آئے
ربر کی چڑیاں ، ٹین کے طوطے ، موم کے بونے آئے
شہنازی کی سالگرہ پر بڑے کھلونے آئے

خالو جی ، بھالو لائے بھوں بھوں بھوں بولے
چابی دیں تو گھر گھر کرتا گھومے ، ناچے ، ڈولے
چھاج برابر کان ہلائے بھاڑ سے منہ کو کھولے
بھاڑ سے منہ کو کھولے، اپنے تیکھے دانت دکھائے
شہنازی کی سالگرہ پر بڑے کھلونے آئے

لائی ہیں خالہ بندر کالا ، نام میاں لنگور
ذات کا اونچا ، بات کا اونچا ، سب سے بیٹھے دور
دُم اچکائے جیب دکھائے ، عادت سے مجبور
کچےّ میوے کڑکڑ چابے ، پکے گانے گائے
شہنازی کی سالگرہ پر بڑے کھلونے آئے

جانے کس نے ڈھول دیا تھا اس میں نکلا پول
ٹافی کا اسے ڈبّا سمجھا پی چوٗ نے لیا کھول
اندر خالی ، باہر خالی ٹین کا ٹکڑا گول
بھینس کے آگے بین کے بدلے بیٹھی ٹین بجائے
شہنازی کی سالگرہ پر بڑے کھلونے آئے

کاٹھ کے کیلے کاٹھ کے آڑو ، کیسے کاٹ کے کھائے
دودھ نہ گوبر ، کچھ نہیں دیتی کاٹھ کی کالی گائے
کاٹھ کے کوّے ، کاٹھ کے اُلّو ، بیٹھ کے کونے سدھائے؟
ہم بتلائیں ، ہم سمجھائیں ، ہم سے پوچھو رائے
ان کی خاطر کاٹھ کا ڈنڈا موٹا سا بنوائے
اِس کے سر پر ، اُس کے سر پر تڑ تڑ تڑ برسائے
شہنازی کی سالگرہ پر بڑے کھلونے آئے

❖❖❖

نسیّانات

بلّو چند سال پہلے تک مکتب کو 'متکب'، سہراب کو 'سرہاب' فرصت کو 'فصتر'، بستر کو 'بسرت' اور ستیاناس کو 'نسیّانات' کہتی تھی۔

بلّو اب چپ ہو جاؤ
سونے دو اور سو جاؤ

پڑھتی ہوں مکتب کی کتاب
نام ہے رستم اور سُرہاب

فصتر پا کر آؤں گی
بسرت تبھی بچھاؤں گی

بلّو دیکھ خدا سے ڈر
اُردو پر تو ظلم نہ کر

گھبرا کو گھربا بولے
شرما کو شمرا بولے

کرتی ہے نت الٹی بات
بلّو تیرا نسیانات

✤✤✤

لندھور ہاتھی

لندھور ہاتھی سنگی نہ ساتھی
رہتا ہے بیکار پڑھتا ہے اخبار
عینک لگا کر کرسی بچھا کر
آیا ہے اب کے ہاتھی نگر سے
پتلون پہنے مہمان رہنے
آداب بھائی آداب بھائی
اتنے دِنوں میں صورت دکھائی
یوں دانت منہ میں دو ہیں کہ ڈھائی
فیشن کی تجھ کو کس نے سجھائی
پتلون کی دی کتنی سلائی
یوں تو ہیں ہم سب تیرے فدائی
پر بھائی میرے جا اپنے ڈیرے

سائز کی تیرے گھر میں ہمارے
گاؤں میں سارے نا تو رضائی
نا ہی چٹائی نا چارپائی

❋ ❋ ❋

مانجی کی بِلّی کُتّو کا کُتّا

مانجی کی بلی کتو کا کتا
دونوں کے دونوں مرگئے ہائے
کتو کا کتا فاقے کا مارا
گوشت کلیجی کھاکے بچارا
کرتا رہا کچھ روز گزارا
پہلے مہینے سردی جو آئی
پاس نہ توشک تھی نہ رضائی
چھینکیں بھی آئیں کھانسی بھی آئی
رہ گیا گھل کر ایک تہائی
تاپ نے آکر کردی چڑھائی
لیٹا جو اک دن کھاکے دوائی
پہلو نہ بدلا سانس نہ آئی
مرنا ہے اک دن سب کو بھائی

مانجی کی بِلّی چوہوں کی خالہ
دودھ کا پی کر بڑا پیالا
کھائی نہاری پیٹ نکالا
چڑھ گیا سر کو گرم مسالا
ڈاکٹر آیا دیکھا بھالا
اور یہ نتیجہ اُس نے نکالا
دال میں ہے سب کالا کالا
بچ نہ سکے گی بِلّی خالہ

کتو بولی مانجی بولا
بھنگی بلاؤ قاضی بلاؤ
بس یہیں کھودو دور نہ جاؤ
ٹوکرے بھر بھر مٹی گراؤ
میتیں ان کی گہری دباؤ
دونوں کی قبریں پکّی بناؤ
ان میں سے کوئی مُڑ کے نہ آئے
اُٹھنے نہ پائے بھاگ نہ جائے
روٹی نہ توڑے سالن نہ کھائے
چوہوں چڑوں کی شامت نہ لائے
کتو کا کتا مانجی کی بِلّی
دونوں کے دونوں مر گئے ہائے
چوہے بولے چوں چوں چوں
مرغے بولے ککڑوں کوں
بطخیں بولیں غوں غوں غوں
سب نے گایا اوں اوں اوں
ڈھول بجایا ڈھمک ڈھوں
اور تو سب نے عید منائی
ہم کو تو لیکن رنج تھا بھائی
سوگ میں ان کے نظم بنائی
سب کو دِکھائی سب کو سنائی
اب کوئی اس کو گائے نہ گائے
مانجی کی بلی کتو کا کتا
دونوں کے دونوں مر گئے ہائے

ساحرؔ لدھیانوی کی نظمیں

بچے من کے سچے

بچّے من کے سچّے ، سارے جگ کی آنکھ کے تارے
یہ وہ ننّھے پھول ہیں جو بھگوان کو لگتے پیارے

خود روٹھیں خود من جائیں ، پھر ہم جولی بن جائیں
جھگڑا جس کے ساتھ کریں ، اگلے ہی پل پھر بات کریں
ان کو کسی سے بیر نہیں ، ان کے لیے کوئی غیر نہیں
ان کا بھولا پن ملتا ہے سب کو بانہہ پسارے

انساں جب تک بچہ ہے ، تب تک سمجھو سچا ہے
جوں جوں اس کی عمر بڑھے ، من پر جھوٹ کا میل چڑھے
کرودھ بڑھے ، نفرت گھیرے ، لالچ کی عادت گھیرے
بچپن ان پاپوں سے ہٹ کر اپنی عمر گزارے

تن کومل ، من سندر ہیں ، بچے بڑوں سے بہتر ہیں
ان میں چھوت اور چھات نہیں ، جھوٹی ذات اور پات نہیں
بھاشا کی تکرار نہیں ، مذہب کی دیوار نہیں
ان کی نظروں میں اک ہیں ، مندر مسجد ، گردوارے

✤✤✤

بھارت کے بچّو!

بھارت ماں کی آنکھ کے تارو　　ننھے منے راج دلارو
جیسے میں نے تم کو سنوارا　　ویسے ہی تم دیش سنوارو
بھارت ماں کی آنکھ کے تارو

یہ جو ہے اک چھوٹا سا بستہ　　علم کے پھولوں کا گلدستہ
کرشن ہے اس میں، رام ہے اس میں　　بدھ مت اور اسلام ہے اس میں
یہ بستہ عیسیٰ کی کہانی　　یہ بستہ نانک کی بانی
اس میں چھپی ہے ہر سچائی　　اپنا سکھ، اوروں کی بھلائی
اس بستے کو سیس نواؤ　　اس بستے پر تن من وارو
بھارت ماں کی آنکھ کے تارو

چھوڑ کے جھوٹی ذاتیں پاتیں　　سب سے سیکھو اچھی باتیں
اپنا کسی سے بیر نہ سمجھو　　جگ میں کسی کو غیر نہ سمجھو
آپ پڑھو اوروں کو پڑھاؤ　　گھر گھر گیان کی جوت جگاؤ
نو جیون کی آس تمھیں ہو　　بنتا ہوا اِتہاس تمھیں ہو
جتنا گہرا اندھیارا ہو　　اُتنے اونچے دیپ اُبھارو
بھارت ماں کی آنکھ کے تارو

یہ سنسار جو ہم نے سجایا　　یہ سنسار جو تم نے پایا
اِس سنسار میں جھوٹ بہت ہے　　ظلم بہت ہے لوٹ بہت ہے
ظلم کے آگے سر نہ جھکانا　　ہر اک جھوٹ سے ٹکرا جانا
اِس سنسار کا رنگ بدلنا　　اونچ اور نیچ کا ڈھنگ بدلنا
سارا جگ ہے سیش تمھارا　　سارے جگ کا روپ نکھارو
بھارت ماں کی آنکھ کے تارو

میرا مُنّا

تو میرے ساتھ رہے گا مُنّے !
تا کہ تو جان سکے
تجھ کو پروان چڑھانے کے لیے
کتنے سنگین مراحل سے تری ماں گزری
تو میرے ساتھ رہے گا منّے !

تا کہ تو دیکھ سکے
کتنے پاؤں میری ممتا کے کلیجے پہ پڑے
کتنے خنجر مری آنکھوں میرے کانوں میں گڑے
تو میرے ساتھ رہے گا منّے !

میں تجھے رحم کے سایے میں نہ پلنے دوں گی
زندگانی کی کڑی دھوپ میں جلنے دوں گی
تا کہ تپ تپ کے تو فولاد بنے
ماں کی اولاد بنے
تو میرے ساتھ رہے گا منّے !

جب تلک ہوگا ترا ساتھ نبھاؤں گی میں
پھر چلی جاؤں گی اس پار کے سناٹے میں
اور تاروں سے تجھے جھانکوں گی
زخم سینے میں لیے پھول نگاہوں میں لیے
تیرا کوئی بھی نہیں میرے سوا
میرا کوئی بھی نہیں تیرے سوا
تو میرے ساتھ رہے گا منّے!

میرا ہر درد تجھے دل میں بسانا ہوگا
میں تیری ماں ہوں، میرا قرض چکانا ہوگا
میری بربادی کے ضامن اگر آباد رہے
میں تجھے دودھ نہ بخشوں گی تجھے یاد رہے
تجھے یاد رہے، تجھے یاد رہے
تو میرے ساتھ رہے گا منّے!

بچوں کی سرکار

بڑوں کا راج تو صدیوں سے ہے زمانے میں
کبھی ہوا نہیں دنیا میں راج چھوٹوں کا
اگر ہمیں بھی ملے اختیار اے لوگو!
تو ہم دِکھائیں تمھیں کام کاج چھوٹوں کا

ملک میں بچوں کی گر سرکار ہو
زندگی اک جشن اک تہوار ہو
حکم دیں ایسے کلینڈر کے لیے
جس میں دو دن بعد اک تہوار ہو
سب کو دیں اسکول جیسا یونیفارم
ایک سی ہر پینٹ ، ہر شلوار ہو
ہوسٹل تعمیر ہو سب کے لیے
کوئی بھی انساں نہ بے گھر بار ہو
راشٹر بھاشا ہم اشاروں کو بنائیں
دکھن اُتّر میں نہ پھر تکرار ہو
ہم منسٹر ہوں تو وہ سسٹم بنے
جس میں مفلس ہو نہ ساہوکار ہو
قومی دولت کے خزانے ہوں بھرے
خود ہی لے لے جس کو جو درکار ہو
عید ، دیوالی سبھی مل کر منائیں
آدمی کو آدمی سے پیار ہو

ملک میں بچوں کی گر سرکار ہو
زندگی اک جشن اک تہوار ہو

ہندوستانی بچّے

بچو! تم تقدیر ہو کل کے ہندوستان کی
باپو کے وَردان کی ، نہرو کے ارمان کی

آج کے ٹوٹے کھنڈروں پر تم کل دیش بساؤ گے
جو ہم لوگوں سے نہ ہوا ، تم کر کے دکھلاؤ گے
تم ننھی بنیادیں ہو دنیا کے نئے وِدھان کی
بچو! تم تقدیر ہو کل کے ہندوستان کی

دین دھرم کے نام پہ کوئی بیج پھوٹ کا بوئے نہ
جو صدیوں کے بعد ملی ہے وہ آزادی کھوئے نہ
ہر مذہب سے اونچی ہے قیمت انسانی جان کی
بچو! تم تقدیر ہو کل کے ہندوستان کی

پھر کوئی جے چند نہ ابھرے، پھر کوئی جعفر نہ اُٹھے
غیروں کا دل خوش کرنے کو اپنوں پر خنجر نہ اُٹھے
دھن دولت کے لالچ میں، توہین نہ ہو ایمان کی
بچو! تم تقدیر ہو کل کے ہندوستان کی

بہت دنوں تک اس دنیا میں ریت رہی ہے جنگوں کی
لڑی ہیں دھن والوں کی خاطر فوجیں بھوکے ننگوں کی
کوئی لٹیرا لے نہ سکے اب قربانی انسان کی
بچو! تم تقدیر ہو کل کے ہندوستان کی

رہ نہ سکے اب اس دنیا میں یُگ سرمایہ داری کا
تم کو جھنڈا لہرانا ہے محنت کی سرداری کا
ہل ہوں اب مزدوروں کے اور کھیتی دہقان کی
بچو! تم تقدیر ہو کل کے ہندوستان کی

✤✤✤

بچّو! بناؤ نیا ہندوستان

بچّے: ہم نے سنا تھا ایک ہے بھارت | سب ملکوں سے نیک ہے بھارت
لیکن جب نزدیک سے دیکھا | سوچ سمجھ کر ٹھیک سے دیکھا
ہم نے نقشے اور ہی پائے | بدلے ہوئے سب طور ہی پائے
ایک سے ایک کی بات جدا ہے | دھرم جدا ہے ، ذات جدا ہے
آپ نے جو کچھ ہم کو پڑھایا | وہ تو کہیں بھی نظر نہ آیا

استاد: جو کچھ میں نے تم کو پڑھایا ، اس میں کچھ بھی جھوٹ نہیں ہے
بھاشا سے بھاشا نہ ملے تو اس کا مطلب پھوٹ نہیں ہے
اک ڈالی پر رہ کر جیسے پھول جدا ہیں پات جدا
بُرا نہیں گر یوں ہی وطن میں دھرم جدا ہوں ذات جدا

بچّے: وہی ہے جب قرآن کا کہنا | جو ہے وید پُران کا کہنا
پھر یہ شور شرابہ کیوں ہے؟ | اتنا خون خرابہ کیوں ہے؟

استاد: صدیوں تک اس دیس میں بچو! رہی حکومت غیروں کی
آج تلک اپنے منہ پر دھول ہے ان کے پیروں کی
لڑواؤ اور راج کرو ، یہ ان لوگوں کی حکمت تھی
ان لوگوں کی چال میں آنا ، ہم لوگوں کی ذِلت تھی
یہ جو بیر ہے اک دوجے سے ، یہ جو پھوٹ اور رنجش ہے
انھیں بدیشی آقاؤں کی سوچی سمجھی سازش ہے

بچّے: کچھ انسان برہمن کیوں ہیں؟ کچھ انسان ہریجن کیوں ہیں؟
ایک کی اتنی عزّت کیوں ہے؟ ایک کی اتنی ذِلت کیوں ہے؟

استاد: دھن اور گیان کو طاقت والوں نے اپنی جاگیر کہا
محنت اور غلامی کو کمزوروں کی تقدیر کہا
انسانوں کا یہ بٹوارہ وحشت اور جہالت ہے
جو نفرت کی شکشا دے ، وہ دھرم نہیں ہے لعنت ہے
جنم سے کوئی نیچ نہیں ہے جنم سے کوئی مہان نہیں
کرم سے بڑھ کر کسی مُنُش کی کوئی بھی پہچان نہیں

بچّے: اب تو دیش میں آزادی ہے اب کیوں جنتا فریادی ہے؟
کب جائے گا دَور پرانا کب آئے گا نیا زمانا؟

استاد: صدیوں کی بھوک اور بیکاری کیا اک دن میں جائے گی؟
اِس اُجڑے گلشن پر رنگت آتے آتے آئے گی
یہ جو نئے منصوبے ہیں اور یہ جو نئی تعمیریں ہیں
آنے والے دَور کی کچھ دھندلی دھندلی تصویریں ہیں
تم ہی رنگ بھروگے ان میں تم ہی انھیں چمکاؤگے
نَو یُگ آپ نہیں آئے گا، نَو یُگ کو تم لاؤگے

✤✤✤

انسان کی اولاد

تو ہندو بنے گا ، نہ مسلمان بنے گا
انسان کی اولاد ہے ، انسان بنے گا

اچھا ہے ابھی تک تیرا کچھ نام نہیں ہے
تجھ کو کسی مذہب سے کوئی کام نہیں ہے
جس علم نے انسانوں کو تقسیم کیا ہے
اُس علم کا تجھ پر کوئی الزام نہیں ہے
تو بدلے ہوئے وقت کی پہچان بنے گا
انسان کی اولاد ہے ، انسان بنے گا

مالک نے ہر انسان کو انسان بنایا
ہم نے اسے ہندو یا مسلمان بنایا
قدرت نے تو بخشی تھی ہمیں ایک ہی دھرتی
ہم نے کہیں بھارت ، کہیں ایران بنایا
جو توڑ دے ہر بند وہ طوفان بنے گا
انسان کی اولاد ہے ، انسان بنے گا

نفرت جو سکھائے وہ دھرم تیرا نہیں ہے
انساں کو جو روندے وہ قدم تیرا نہیں ہے
قرآن نہ ہو جس میں وہ مندر نہیں تیرا
گیتا نہ ہو جس میں وہ حرم تیرا نہیں ہے
تو امن کا اور صلح کا ارمان بنے گا
انسان کی اولاد ہے ، انسان بنے گا

❋❋❋

تجھ میں ایشور، اللہ تجھ میں

تجھ میں ایشور
اللہ تجھ میں
تجھ میں جیسز پایا
بچے میں ہے بھگوان
بچے میں رحمٰن
بچہ جیسز کی شان
گیتا اس میں
بائبل اس میں
اس میں قرآن
بولو بچہ ہے مہان
مندر مسجد اور گرجے میں اس کا نور سمایا
اِس ننھی سی جان میں چھپ کر وہ اپنے گھر آیا
پاپی من کو پاون کرتی اس کی ہر مسکان
بولو بچہ ہے مہان
جگ میں بچہ ہے مہان
گیانی سب میں بھید کراوے، بچہ میل کراوے
ہم جیسے بھولے بھٹکوں کو سیدھی راہ دکھاوے
اس کے بھولے پن پر صدقے دنیا بھر کا گیان
بولو بچہ ہے مہان

لوری

رات آ گئی چمن کے نظارے بھی سو گئے
ندیا کو نیند آ گئی، دھارے بھی سو گئے
نیلے گگن کے راج دلارے بھی سو گئے
سویا ہوا ہے چاند ستارے بھی سو گئے

نیندیں گھلی ہوئی ہیں نشیلی ہواؤں میں!
سو جا رے لاڈلے مرے آنچل کی چھاؤں میں

چمپا بھی سو گئی ، سلمیٰ بھی سو گئی
ابّا بھی محوِ خواب ہیں ، آپا بھی سو گئی
گڑیا کی چور کلموئی عذرا بھی سو گئی
لے اب تو تیری ننھی سے مینا بھی سو گئی

نیندیں گھلی ہوئی ہیں نشیلی ہواؤں میں!
سو جا رے لاڈلے مرے آنچل کی چھاؤں میں

کل پھر سناؤں گی تجھے سچی کہانیاں
روس اور چین دیس کے لوگوں کی داستاں
جن کی وطن پرست جواں سال لڑکیاں
مردوں سے بڑھ کے اپنے وطن کی ہیں پاسباں

نیندیں گھلی ہوئی ہیں نشیلی ہواؤں میں!
سو جا رے لاڈلے مرے آنچل کی چھاؤں میں

چپ چاپ اور خموش ہے ہر ایک رہ گزر
پنچھی بھی سو رہے ہیں درختوں پہ بے خبر
اب دیر ہو چکی ہے مرے لال ضد نہ کر
جانا ہے مدرسے تجھے کل صبح وقت پر

نیندیں گھلی ہوئی ہیں نشیلی ہواؤں میں!
سو جا رے لاڈلے مرے آنچل کی چھاؤں میں

کل صبح جب میں پاس کے بازار جاؤں گی سراج اور ٹیپو کی تصویر لاؤں گی
اور ان کی زندگی کی کہانی سناؤں گی تجھ کو بھی ویسی شان سے جینا سکھاؤں گی

نیندیں گھلی ہوئی ہیں نشیلی ہواؤں میں!
سوجا رے لاڈلے مرے آنچل کی چھاؤں میں

پھولوں کی شاہزادیاں، باغوں کی رانیاں جائیں گی خواب میں ترے ہمراہ گلستاں
اور ڈھونڈ کر ترے لیے لائیں گی تتلیاں ہیں تیرے انتظار میں خوابوں کی وادیاں

نیندیں گھلی ہوئی ہیں نشیلی ہواؤں میں!
سوجا رے لاڈلے مرے آنچل کی چھاؤں میں

میرے مُنّے رے

میرے منے رے
سیدھی راہ پہ چلنا جُگ جُگ تک کھول نہ پنّا
میرے منے رے
کیسی بھی مشکل آئے تیرا پاؤں نہ ڈولنے پائے
تو ان کا مان بڑھائے میں تجھ پر بلیہاری
تو سیدھی راہ پہ چلنا جُگ جُگ تک کھول نہ پنّا
میرے منے رے
سچ بات سے مت گھبرانا ہر جھوٹ سے ٹکرا جانا
سنسار میں نہ تو سمانا میں تجھ پر بلیہاری
سیدھی راہ پہ چلنا جُگ جُگ تک کھول نہ پنّا
میرے منے رے
میری جیون رات اندھیری تو ننّھی جیوت ہے میری
کل ہو کہ نہ ہو ماں تیری میں تجھ پر بلیہاری
سیدھی راہ پہ چلنا جُگ جُگ تک کھول نہ پنّا
میرے منے رے

❖❖❖

ننھی پری

میرے گھر آئی ایک ننھی پری
چاندنی کے حسین رتھ پہ سوار
میرے گھر آئی ایک ننھی پری

اس کی باتوں میں شہد جیسی مٹھاس   اس کی سانسوں میں عطر کی مہکار
ہونٹ جیسے کہ بھیگے بھیگے گلاب   گال جیسے کہ دہکے دہکے انار
میرے گھر آئی ایک ننھی پری

اس کے آنے سے میرے آنگن میں   کھل اُٹھے پھول، گنگنائی بہار
دیکھ کر اس کو جی نہیں بھرتا   چاہے دیکھوں اسے ہزاروں بار
میرے گھر آئی ایک ننھی پری

میں نے پوچھا اُسے کہ کون ہے تو   ہنس کے بولی کہ میں ہوں تیرا پیار
میں تیرے دل میں تھی ہمیشہ ہی   گھر میں آئی ہوں آج پہلی بار
میرے گھر آئی ایک ننھی پری

✣✣✣

ننھی لاڈلی

او نٹ کھٹ ننھی لاڈلی
تجھے دیکھے تیرا ماما ، چندا ماما

ہر رات کو چندا آئے
اور دودھ ملائی لائے
چاندی کی تھالی میں
سونے کی پیالی میں
تجھے کھلائے ، چندا مسکائے
او نٹ کھٹ ننھی لاڈلی

یوں تیرا مکھڑا دَمکے
جوں نبھ پر چندا چمکے
وہ امبر کا موتی ہے
تو دھرتی کی جیوتی ہے
تیری جیوتی جگ جگ لہرائے
او نٹ کھٹ ننھی لاڈلی

ممّی کے لیے ایک گیت

مرغا بولے ککڑوں کوں
چڑیا بولے چوں چوں چوں

ممّی آنکھیں کھولو
ذرا تو کچھ بولو
چپ بیٹھی ہو کیوں
مرغا بولے ککڑوں کوں

غصہ ہو تو معاف کرو
دل کی تختی صاف کرو
میں اور ڈالی کان پکڑ کر
بیٹھے ہیں اکڑوں
مرغا بولے ککڑوں کوں

کسی نے تمھیں ستایا ہوگا
یا سپنے میں دھمکایا ہوگا
ہم کو اس کا نام کہو
ہم کردیں گے پِٹا پوں
مرغا بولے ککڑوں کوں

بھیا کو سندیسا

میرے بھیا کو سندیسا پہنچانا
رے چندا تیری جیوت بڑھے

دور نگر میرے بھیا کا ڈیرا بیچ میں پربت ندیا
تجھے پہنچتے اک پل لاگے مجھے پہنچتے صدیاں
میرے دل کی دعائیں لے جانا
رے چندا تیری جیوت بڑھے

جُگ جُگ چمکے تو امبر پر روپ گھٹے نہ تیرا
تو ہے میرے بھیا جیسا اور تجھ جیسا بھیا میرا
آج تو ہی گلے سے لگ جانا
رے چندا تیری جیوت بڑھے

♣ ♣ ♣

ماما جی کا راکٹ

ماما جی کے راکٹ پر ہم چاند کی سیر کو جائیں گے
وہاں کے بچوں سے مل جل کر دودھ ملائی کھائیں گے

دیدی ساتھ نہ جائے گی تو کون تمھیں بہلائے گا
کون کرے گا کنگھی پٹی ، کپڑے کون پہنائے گا
ہوا کرے گی کنگھی پٹی اور بادل نہلائیں گے
پریاں کپڑے پہنائیں گی تارے منہ دھلوائیں گے
ماما جی کے راکٹ پر ہم چاند کی سیر کو جائیں گے

رات کو نیند نہ آئے گی تو لوری کون سنائے گا
گھوڑا بن کر کون چلے گا ، پیٹھ پہ کون بٹھائے گا
گھوڑا بننا کیا مشکل ہے ، ہم خود ہی بن جائیں گے
لوری تیری چال بہت ہے باجے پر بجوائیں گے
ماما جی کے راکٹ پر ہم چاند کی سیر کو جائیں گے

کپڑوں پر گر جائے گا سالن کھانا کیسے کھاؤ گے
دیدی ساتھ نہ ہو تو تم لوگ کچھ بھی مزا نہ پاؤ گے
ماما جی کا راکٹ ہے ، ماما جی جو فرمائیں گے
ہم تم سے وعدہ کرتے ہیں دیدی کو لے جائیں گے
اچھا اب تم یہیں پہ ٹھہرو میں جلدی سے جاتا ہوں
اپنے پیارے ماما جی سے پوچھ کے واپس آتا ہوں
ماما جی کے راکٹ پر ہم چاند کی سیر کو جائیں گے

او بیٹا

بیٹا ڈر مت ، ڈر مت ، ڈر مت
آہیں بھر مت ، بھر مت ، بھر مت
چلنا کر مت ، کر مت ، کر مت
یونہی مر مت ، مر مت ، مر مت

او بیٹا ڈر مت ، ڈر مت ، ڈر مت

تیرے پاؤں کے نیچے دنیا
بوٹ کی چھاؤں کے نیچے دنیا
تو ہے راجاؤں کا راجا
دو دن سب میں موج مناجا

او بیٹا ڈر مت ، ڈر مت ، ڈر مت

بھائی لوگ ہیں سچ فرماتے
ہر کتّے کے دن ہیں آتے
جس نے آج دیا کل لے گا
تجھ کو من چاہا پھل دے گا

او بیٹا ڈر مت ، ڈر مت ، ڈر مت

ناچو ڈِنگ ڈِنگ ڈِنگ ڈِنگ ڈارا
گاؤ ترا را را را را
بولو کِٹ مِٹ کِٹ مِٹ کِٹ مِٹ
لے لو ہم سے خوشی کا پرمِٹ

او بیٹا ڈر مت ، ڈر مت ، ڈر مت

مرغا، مرغی

مرغا مرغی پیار سے دیکھیں
ننھا چوزہ کھیل کرے
میں کس کو بولوں جو میرے ماتا پتا کا میل کرے
چڑیا اور چڑا مل جل کر دانا دنکا لائے
اپنے چھوٹے سے بچّے کو کھول کے چونچ کھلائے
میں جب اپنے بھاگ کو سوچوں آنکھ میں آنسو آئے
مرغا مرغی پیار سے دیکھیں
ننھا چوزہ کھیل کرے
ساتھ کے گھر کا ننّھا بچہ ماتا پتا سنگ کھیلے
میرا بچپن ماتا پتا کی دوری کا دُکھ جھیلے
کوئی مجھے میرا گھر دیدے محلے دو محلے لے لے
مرغا مرغی پیار سے دیکھیں
ننھا چوزہ کھیل کرے
بڑوں کے آگے بات کریں یہ ہم بچوں کا کام نہیں
جب تک ان کا من نہ پگھلے اپنے لیے آرام نہیں
اُس گھر میں کیا رہنا جس میں سیتا کے سنگ رام نہیں
مرغا مرغی پیار سے دیکھیں
ننھا چوزہ کھیل کرے

او بچّو! سن لو بات

او بچّو ! سن لو بات
بڈھے بابا سے
کبڑے چاچا سے
بڑھ کے ملا لو ہاتھ
او بچّو ! سن لو بات

آیا ہوں میں دور گاؤں سے تھوڑا ریل سے تھوڑا پاؤں سے
میری داڑھی میں جتنے بال میرے پاس اُتنے کمال
او بچّو ! سن لو بات

جونہی بول دوں اک دو تین پھر سے بھیج دوں تم کو چین
جو بجاؤں میں اپنی بین کو چوکلیٹ کردوں ساری زمین
او بچّو ! سن لو بات

میرے قابو میں چار بھوت ہیں چاروں بھوت رستم کے پوت ہیں
میرے بھوتوں سے جیتے جنگ جو اس کا بیاہ شاہزادی سنگ ہو
او بچّو ! سن لو بات

❖❖❖

سچّے کا بول بالا

سچے کا ہے بول بالا
سنو رے بھائی جھوٹے کا ہے منہ کالا
سچ کی خاطر ہریش چندر نے
چھوڑا راج اور پاٹ
آج اُن کی مہیما گاتے ہیں
بڑے بڑے سمراٹ

سچ کی راہ پہ چل کے ان کو
یہی ملا انعام
ننھا بالک بھوک سے مرگیا
پتنی ہوئی نیلام

ارے جھوٹے کی ہے دیوالی جگت میں
سچے کا ہے دیوالہ
جھوٹے کا ہے بول بالا جگت میں
رشی منی پیغمبر کہہ گئے

بولو سچ کی بولی
آس مرادیں پوری ہوں گی
بھری رہے گی جھولی
اِس برتے پر اس دنیا میں
بولے سچ کی بولی
یہاں مسیحا چڑھے سولی پر
باپو کھائیں گولی

ارے جھوٹے کی ہے دیوالی جگت میں

سوال

خدائے برتر! تری زمیں پر، زمیں کی خاطر یہ جنگ کیوں ہے؟
ہر ایک فتح و ظفر کے دامن پہ خونِ انساں کا رنگ کیوں ہے؟

زمیں بھی تیری ہے، ہم بھی تیرے، یہ ملکیت کا سوال کیا ہے؟
یہ قتل و خوں کا رواج کیوں ہے، یہ رسمِ جنگ و جدال کیا ہے؟
جنھیں طلب ہے جہان بھر کی، انھیں کا دل اتنا تنگ کیوں ہے؟
خدائے برتر! تری زمیں پر، زمیں کی خاطر یہ جنگ کیوں ہے؟

غریب ماؤں، شریف بہنوں کو امن و عزّت کی زندگی دے
جنھیں عطا کی ہے تو نے طاقت، انھیں ہدایت کی روشنی دے
سروں میں کبر و غرور کیوں ہے، دلوں کے شیشے پہ زنگ کیوں ہے؟
خدائے برتر! تری زمیں پر، زمیں کی خاطر یہ جنگ کیوں ہے؟

قضا کے رستے پہ چلنے والوں کو بچ کے آنے کی راہ دینا
دلوں کے گلشن اجڑ نہ جائیں، محبتوں کو پناہ دینا
جہاں میں جشنِ وفا کے بدلے یہ جشنِ تیر و تفنگ کیوں ہے؟
خدائے برتر! تری زمیں پر، زمیں کی خاطر یہ جنگ کیوں ہے؟

❈ ❈ ❈

کہتے ہیں اِسے پیسا بچّو!

(پردہ اٹھنے پر ایک بہت بڑے سائز کا پیسہ سٹیج کی پچھلی دیوار پر چسپاں نظر آتا ہے)

اناؤنسر:

کہتے ہیں اسے پیسا بچو ! یہ چیز بڑی معموٗلی ہے
لیکن اس پیسے کے پیچھے سب دنیا رستہ بھوٗلی ہے
ہلکی سی جھلک اس پیسے کی دھرم اور ایمان پہ بھاری ہے
یہ جھوٗٹ کو سچ کر دیتا ہے اور سچ کو جھوٗٹ بناتا ہے
بھگوان نہیں پر ہر گھر میں بھگوان کی پدوی پاتا ہے

اِس پیسے کے بدلے دنیا میں انسانوں کی محنت بِکتی ہے
جسموں کی حرارت بکتی ہے ، روحوں کی شرافت بکتی ہے
سردار خریدے جاتے ہیں دلدار خریدے جاتے ہیں
مٹی کے سہی پر اس سے ہی اوتار خریدے جاتے ہیں

اس پیسے کی خاطر دنیا میں میں آباد وطن مٹ جاتے ہیں
دھرتی ٹکڑے ہوجاتی ہے ، لاشوں کے کفن بک جاتے ہیں
عزّت بھی اس سے آتی ہے تعظیم بھی اس سے ملتی ہے
تہذیب بھی اس سے آتی ہے تعلیم بھی اس سے ملتی ہے
کہتے ہیں اسے پیسا بچو!

ہم آج تمھیں اس پیسے کا سارا اتہاس بتاتے ہیں
جتنے جُگ اب تک گزرے ہیں اُن سب کی جھلک دِکھلاتے ہیں
اک ایسا وقت بھی تھا جُگ میں جب اس پیسے کا نام نہ تھا
چیزیں چیزوں سے تُلتی تھیں چیز کا کچھ بھی دام نہ تھا
انسان فقط انسان تھا تب انسان کا مذہب کچھ بھی نہ تھا
دولت، غربت، عزّت، ذِلّت ان لفظوں کا مطلب کچھ بھی نہ تھا

(کچھ لوگ جنگلی لباس میں اسٹیج پر نمودار ہوتے ہیں اور اجناس کا تبادلہ کرتے ہیں)

اناؤنسر:

چیزوں سے چیز بدلنے کا یہ ڈھنگ بہت بیکار سا تھا
لانا بھی کٹھن تھا چیزوں کا، لے جانا بھی دشوار سا تھا

انسانوں نے تب مل کر سوچا، کیوں وقت اتنا برباد کریں
ہر چیز کی جو قیمت ٹھہرے وہ چیز نہ کیوں ایجاد کریں
اس طرح ہماری دنیا میں، پہلا پیسا تیار ہوا
اور اِس پیسے کی حسرت میں انسان ذلیل و خوار ہوا

(جاگیرداری کا زمانہ۔ ایک راجا اپنے وزیروں اور درباریوں کے درمیان بیٹھا ہوا دِکھائی دیتا ہے۔ دربار میں شاعر، گویّے، پنڈت اور مولوی بھی موجود ہیں۔ راگ درباری کا الاپ اور رقص)

اناؤنسر:

پیسے والے اس دنیا میں جاگیروں کے مالک بن بیٹھے
مزدوروں اور کسانوں کی تقدیروں کے مالک بن بیٹھے

جاگیروں پہ قبضہ رکھنے کو، قانون بنے ہتھیار بنے
ہتھیاروں کے بل پر دھن والے، اِس دھرتی کے سردار بنے
جنگوں میں لڑایا بھوکوں کو، اور اپنے سر پر تاج رکھا
نِردھن کو دیا پرلوک کا سکھ، اپنے لیے جگ راج رکھا
پنڈت اور ملّا ان کے لیے مذہب کے صحیفے لاتے رہے
شاعر تعریفیں لکھتے رہے، گائک درباری گاتے رہے

(کسان اور مزدور عورتیں کندھے پر ہل اور کدال لیے داخل ہوتے ہیں اور راجا کو جھک کو سلام کرتے ہیں)

کورَس - مرد اور عورتیں:

ویسا ہی کریں گے ہم، جیسا تمھیں چاہیے
پیسا ہمیں چاہیے
ہل تِرے جوتیں گے کھیت تِرے بوئیں گے
ڈھور تِرے ہانکیں گے، بوجھ تیرا ڈھوئیں گے
پیسا ہمیں چاہیے

بچّے:

پیسا ہمیں دے دے راجا، گُن ترے گائیں گے
تیرے بچّے بچیوں کی خیر منائیں گے
پیسا ہمیں چاہیے

(کچھ بچوں کو بھیک مل جاتی ہے۔ باقیوں کو مایوس لوٹنا پڑتا ہے!)

(منظر تبدیل ہوتا ہے اور سٹیج پر مشینی دَور کی جھلکیاں نظر آتی ہیں۔
شہر، ملیں، کارخانے اور سرمایہ دار)

اناؤنسر:

لوگوں کی اَنتھک محنت نے چمکایا روپ زمینوں کا
بھاپ اور بجلی ہمراہ لیے آ پہنچا دَور مشینوں کا
علم اور وِگّیان کی طاقت نے منہ موڑ دیا دریاؤں کا
انسان جو خاک کا پتلا تھا ، وہ حاکم بنا ہواؤں کا

جنتا کی محنت کے آگے قدرت نے خزانے کھول دیے
رازوں کی طرح رکھا تھا جنھیں، وہ سارے زمانے کھول دیے

لیکن ان سب ایجادوں پر پیسے کا اِجارا ہوتا رہا
دولت کا نصیبہ چمک اُٹھا ، محنت کا مقدر سوتا رہا

(کچھ مرد، عورتیں اور بچے مشینی دور کے اوزار لے کر سرمایہ دار کے سامنے آتے ہیں)

کورَس - مرد اور عورتیں:

ویسا ہی کریں گے ہم ، جیسا تمھیں چاہیے
پیسا ہمیں چاہیے
ریلیں بھی بچھائیں گے ، مِلیں بھی چلائیں گے
جنگوں میں جائیں گے ، جانیں بھی گنوائیں گے
پیسا ہمیں چاہیے

بچے:

پیسا ہمیں دے دے راجا، گُن ترے گائیں گے
تیرے بچّے بچیوں کی خیر منائیں گے
پیسا ہمیں چاہیے

(کچھ بچوں کو بھیک مل جاتی ہے۔ باقیوں کو مایوس لوٹنا پڑتا ہے!)

اناؤنسر:

جُگ جُگ سے یونہی اس دنیا میں ہم دان کے ٹکڑے مانگتے ہیں
ہل جوت کے فصلیں کاٹ کے بھی پکوان کے ٹکڑے مانگتے ہیں
لیکن اِن بھیک کے ٹکڑوں سے کب بھوک کا سنکٹ دور ہوا؟
انسان سدا دکھ جھیلے گا ، گر ختم نہ یہ دستور ہوا
زنجیر بنی ہے قدموں کی ، وہ چیز جو پہلے گہنا تھی
بھارت کے سپوتوں آج تمھیں بس اتنی بات ہی کہنا تھی
جس وقت بڑے ہو جاؤ تم ، پیسے کا راج مٹا دینا!
اپنا اور اپنے جیسوں کا جُگ جُگ کا قرض چکا دینا!

بچّوں کی نظمیں
افسرؔ میرٹھی

مرتّب
وجاہت عبدالستار

بچے ہمارے عہد کے ...

دورِ حاضر کے بچوں پر نگاہ پڑتی ہے تو پروین شاکر کا شعر بے اختیار ذہن میں گونج اٹھتا ہے۔

جگنو کو دن کے وقت پرکھنے کی ضد کریں
بچے ہمارے عہد کے چالاک ہوگئے

ہاں ...دَورِ حاضر کے بچے چالاک ہیں ...بہت چالاک۔ لیکن ان کی چالاکیوں کے پیچھے کئی محرومیاں سر اُٹھائے جھانکتی ہیں۔ ان کی ہر چالاکی کسی نہ کسی محرومی کو چھپائے ہوئے ہے مگر ہم ان بچوں کو تو اس کے ذمے دار نہیں گردان سکتے نا؟ ہاں ... کچھ حد تک والدین کی بے جا مصروفیات اور بے اعتنائیاں اس کی ذمہ دار ہیں اور کچھ حد تک ٹیکنالوجی کی شدت اور بھرمار!

بدلتے حالات اور جدید تقاضوں کو پورا کرنے کے لیے والدین نے اپنے بچوں کو 'ایکسٹرا عقل مند' بنانا چاہا اور یوں ان سے ان کا بچپن چھین لیا۔

نتیجہ...؟

بچپن، جوانی اور بڑھاپے کے اس تکون میں بیچارہ بچپن کب، کہاں اور کیسے غائب ہوگیا پتا ہی نہ چلا ... اور بچے صرف جوان اور بوڑھے رہ گئے۔ ماڈرن ایجوکیشن کا چشمہ آنکھوں پر لگا کر بچوں کو 'اسٹڈی روم' کی چہار دیواری میں مقید کرکے ہم نے سمجھ لیا کہ وہ یکسوئی سے پڑھائی کریں گے لیکن اس بات کو فراموش کر بیٹھے کہ اسی کمرے میں ایک عدد ٹی وی اور کمپیوٹر بھی پایا جاتا ہے۔ کسی زمانے میں دادی اماں کی نصیحت آموز کہانیاں بچوں کی ذہنی اور فکری تربیت کا ذریعہ ہوا کرتی تھیں۔ اب خاندانی نظام کو درہم برہم کرنے والے 'فلیٹ سسٹم' نے دادی اماں کو یہاں قدم رکھنے سے منع کردیا۔ اب بچوں میں اخلاقی قدروں کو پروان چڑھانے، ان کی فکری نشو ونما اور تربیت کرنے کے لیے دادی اماں تو آنے سے

رہیں اس لیے تربیت کا ذمہ ٹی وی نے اُٹھایا۔ اب کہانیاں 'دادی اماں' نہیں **ڈورے مان** اور **چھوٹا بھیم** سنانے لگے۔ **شن چین**، اور **مائٹی راجو** نے بچوں کے دل و دماغ پر ایسا سحر طاری کیا کہ اس طلسم کو توڑنا ناممکن نظر آنے لگا۔ **شزوکا** کو اپنا بنانے کے لیے **نوبیتا** جیسے بچے کے کارناموں نے نسل نو کے معصوم ذہنوں پر وہ قہر برپا کیا کہ جس عمر میں بچوں کو 'چاند میں پریاں' دِکھائی دینی چاہیے تھیں، اس عمر میں بچے چلتی پھرتی 'پریوں میں چاند' دیکھنے لگے۔ اور پھر سماج میں ایسے شرمناک واقعات ظہور پذیر ہونے لگے کہ یہاں ان کا تذکرہ کرتے ہوئے بھی شرم محسوس ہوتی۔

ستم بالائے ستم ... ٹی وی نے پچیس برسوں میں اور کمپیوٹر نے بیس برسوں میں بچوں کے ذہن جس قدر خراب کیے اس سے دوگنا خرابی موبائیل نے محض پانچ برسوں میں پیدا کی اور چھوٹے چھوٹے بچوں کو موبائیل چلاتا دیکھ ہم فخر سے سینہ تان کر لوگوں سے کہنے لگے،

''دیکھو! دیکھو! میرا بچہ کتنا چالاک ہوگیا!''

ہاں ... ہمارے عہد کے بچے چالاک تو ہوگئے لیکن اخلاقی قدروں سے دور، بچپن کی خوشیوں سے دور، سماج سے کٹے کٹے، والدین کے سایۂ عاطفت سے محروم۔ اب ان بچوں نے اپنی ایک نئی دنیا آباد کر لی جس میں والدین کا عمل دخل بقدرِ ضرورت ہی ہے ...بس!

کہتے ہیں بچے کسی بھی ملک وقوم کا سرمایہ ہوتے ہیں۔ ان کی بہتر تعلیم و تربیت، ملک وقوم کے روشن مستقبل کی ضمانت ہوتی ہے۔ یوں بھی بچوں کی تربیت کا ذمہ صرف والدین اور اساتذہ کا نہیں بلکہ اس دَور کے رسائل و جرائد اور شعرا و ادبا کا بھی ہوتا ہے۔

بچوں کے رسائل و جرائد کو لے کر جب ہمارا ذہن فہرست مرتب کرتا ہے تو بلا مبالغہ ممبئ سے شائع ہونے والا بچوں کا ماہنامہ 'گل بوٹے' اوّل مقام پر دِکھائی دیتا ہے۔

جی ہاں! دَورِ حاضر میں اس رسالے کو بچوں کے ادب کا سب سے بڑا علمبردار کہا جائے تو مبالغہ نہ ہوگا۔ گزشتہ پچیس برسوں سے ٹی وی، کمپیوٹر اور موبائیل نے بچوں کے اخلاق و اقدار کو بگاڑنے کی جتنی کوشش کی ہیں، اس سے کئی گنا زیادہ کوشش 'گل بوٹے' نے بچوں کی ذہنی و فکری تربیت کے لیے کی ہے۔ **گل بوٹے** کے مدیر فاروق سیّد اس بات کو

بخوبی جانتے ہیں کہ بچوں کو براہِ راست نصیحت کرنے کی بجائے کہانیوں، نظموں اور ڈراموں کے وسیلے سے برائی پر بھلائی کی فتح، جھوٹ پر سچائی کی فتح اور نفرت پر محبت کی فتح کو بچوں کے دل و دماغ میں بحسن و خوبی اُتارا جا سکتا ہے۔

میں گذشتہ بیس برسوں سے 'گل بوٹے' کا قاری ہوں اور اب تقریباً 'گل بوٹے' کے مزاج کو سمجھ گیا ہوں کہ 'گل بوٹے' بچوں میں زبان دانی کے ارتقا کے ساتھ ساتھ ذہنی و فکری تربیت اور خیالات و جذبات کی نشوونما بھی کرتا ہے۔ بچوں کو بہلاتے بہلاتے زندگی کی اہم باتیں بتانا، ان میں فرائض و ذمہ داری سے واقفیت پیدا کرنا انتہائی مشکل کام ہے اور فاروق سیّد یہ مشکل کام بڑی آسانی سے کر رہے ہیں۔ 'گل بوٹے' کے پچیس سالہ جشن کے موقع پر بچوں کے لیے لکھی گئی پچیس کتابیں شائع کرنے کی بات ہوئی تو اس میٹنگ میں مَیں بھی شریک تھا اور جب فاروق سیّد نے مجھے بھی ایک کتاب مرتب کرنے کی ذمہ داری سونپی تو مجھے خوشی کے ساتھ ساتھ فخر بھی ہوا کہ موصوف نے مجھے کسی لائق تو سمجھا۔

میرے حصے میں افسر میرٹھی آئے۔ اگرچہ میرٹھ کی سرزمین ادبی اعتبار سے ہمیشہ سرسبز و شاداب رہی ہے اور یہاں کی زرخیز مٹی نے اُردو ادب کو کئی شعرا و ادبا عطا کیے ہیں لیکن اس وقت تک میری افسؔر میرٹھی سے واقفیت 'اماں باجی کہتی ہیں، چاند میں پریاں رہتی ہیں'، یا 'کرنوں کی اک سیڑھی لے کر چھم چھم اُتر آئے چاند' تک ہی تھی۔ ذمہ داری کا خوبصورت بوجھ کندھوں پر پڑا تو افسؔر میرٹھی کی 'جوئے رواں' میں غوطہ زن ہوا اور 'پیامِ روح' کا مطالعہ شروع کیا۔ اَسرار کھلنے لگے اور بچوں کے ادب کے نادر و نایاب نمونے سامنے آنے لگے۔

اوّل تو میں نے ان بچوں کے لیے لکھی گئی تمام نظموں کو یکجا کیا۔ سوچا، موضوعات کے اعتبار سے انھیں ترتیب دوں گا۔ جیسے کہ موسمی نظمیں، وطنی نظمیں، نصیحت آموز نظمیں، قصے کہانیاں وغیرہ۔ لیکن اسی دوران مولوی اسمٰعیل میرٹھی بھی مجھ سے ٹکراتے رہے اور بچوں کے لیے لکھی گئی ان کی نظموں سے استفادے کا موقع ملا۔ مولوی اسمٰعیل میرٹھی چوں کہ ایک مدرّس تھے اور بچوں کے لیے کئی نصابی کتابیں لکھیں تو اس طرح سے اسمٰعیل میرٹھی اور افسر

میرٹھی دونوں کی نظموں کا تقابلی جائزہ لینے کا موقع بھی ملا۔

یہاں تفصیل کا موقع نہیں ہے اس لیے صرف اتنا بتاتا چلوں کہ مولوی اسمٰعیل میرٹھی کی نظمیں ایک خاص اخلاقی نقطۂ نظر سے لکھی گئی نظمیں ہیں جو اس وقت کے تعلیمی تقاضوں کو پورا کرتی تھیں لیکن افسر میرٹھی کی نظمیں اپنے اندر بچوں کی نفسیات اور احساسات کو سموئے ہوئے ہیں۔ جب وہ نویں جماعت میں تھے تو حساب سے بیزار سے رہتے تھے۔ اس وقت انھوں نے ایک نظم لکھی تھی 'جامیٹری'۔

نظم 'جامیٹری' حساب بیزار طلبہ کے جذبات و احساسات کی بہترین ترجمانی کرتی ہے۔ اسی طرح لڑکپن کے دَور میں بچہ کاغذ کی ناؤ بنا کر برسات کے پانی میں کھیلتا ہے۔ 'کاغذ کی ناؤ' نظم بھی لڑکپن کے دَور کی بہترین عکاسی ہے۔

اِن نظموں کی فہرست مرتب کرتے وقت بچوں کی ابتدائی عمر سے نوعمری تک کا خیال رکھا گیا ہے۔ اکثر کتابیں ترتیب دیتے وقت ابتدا میں 'حمد' کو جگہ دی جاتی ہے لیکن اس کتاب میں ایسا نہیں کیا گیا بلکہ اس کا آغاز لوری سے کیا گیا ہے اور بالکل اوائلِ عمری کا خیال رکھ کر نظمیں ترتیب دی گئی ہیں۔ آپ نظمیں پڑھتے وقت صاف محسوس کریں گے کہ نظمیں پڑھتے پڑھتے بچے کی عمر بھی بڑھ رہی ہے۔

'گل بوٹے' کا یہ قدم قابلِ ستائش ہے۔ آج کے دَور میں ہمارے ادبا و شعرا کو حسن و عشق کی داستانیں رقم کرنے کے لیے فرصت تو ہے مگر بچوں کا ادب تخلیق کرنے سے وہ کتراتے ہیں، اسے عیب کی نظر سے دیکھتے ہیں۔ اس پُرفتن دَور میں بچوں کی ذہن سازی اور ذہنی و فکری نشو ونما کا جو بیڑہ 'گل بوٹے' نے اُٹھایا ہے، وہ حقیقتاً بچوں کے ادب میں سنہری لفظوں میں لکھا جائے گا۔

وجاہت عبدالستار

فہرست

نمبر	عنوان	صفحہ نمبر
۱	لوری	٦٠
۲	نیند کی پریاں	٦١
۳	نندیا پور	٦١
۴	چڑیا اور مُنّی	٦٢
۵	چاند کی بڑھیا	٦٢
٦	چاند میں پریاں رہتی ہیں	٦٣
۷	چندا ماموں	٦٣
۸	چاند	٦۴
۹	ہا ہا ہا ہا ہاؤ ہو	٦۴
۱٠	اماں دیکھو بجلی چمکی	٦۵
۱۱	ماں کا پیارا	٦٦
۱۲	؟	٦۷
۱۳	اسکول کی گھڑی	٦۷
۱۴	علم کی مایا	٦۸
۱۵	دھنکی کیا کہتی ہے	٦۸
۱٦	کیا کھا گئے؟	٦۹
۱۷	لالہ جی کی ٹوپی	٦۹
۱۸	کنکوا بن جاؤں	۷٠
۱۹	بیٹے کا جھوٹ	۷٠
۲٠	آج کی نیکی	۷۱
۲۱	ائے خدا ائے خدا	۷۲
۲۲	خدا ، ائے خدا	۷۳
۲۳	دنیا میں جنت	۷۴
۲۴	کسان کی دُعا	۷۵
۲۵	کاغذ کی ناؤ	۷٦

۲۶	ٹرلل	۷۷	
۲۷	بلّی کے بچے	۷۸	
۲۸	ایک چوہا سا	۷۹	
۲۹	مچھر اور مچھرانیاں	۸۰	
۳۰	جیسا میرا دیش ہے افسر	۸۱	
۳۱	دو رُخ	۸۲	
۳۲	بہار کے دِن	۸۳	
۳۳	صبح کا گیت	۸۴	
۳۴	موسم برسات کی صبح	۸۵	
۳۵	وقت کی ڈِبیا	۸۶	
۳۶	جامیٹری	۸۸	
۳۸	پہاڑی ندی	۸۹	
۳۹	بھارت پیارا بھارت پیارا	۹۰	
۴۰	میرا وطن	۹۱	
۴۱	بھارت کے گن گاتے ہیں	۹۲	
۴۲	وطن میرا بھارت کی پیاری زمیں	۹۳	
۴۳	ہمارا وطن دل سے پیارا وطن	۹۴	
۴۴	میرے وطن کو تو نے جنت بنا دیا	۹۵	
۴۵	وطن کا راگ	۹۷	
۴۶	مالک الملک سے خطاب	۹۹	
۴۷	ایک تھا بادشاہ	۱۰۰	
۴۸	چھٹرانا شاہزادی کا پھندے سے جادوگر کے	۱۰۲	
۴۹	جادو کی چھڑی	۱۰۳	
۵۰	راہنما بن جاؤں	۱۰۴	
۵۱	زبان	۱۰۵	
۵۲	ایک خط میں بچپن کی یاد	۱۰۶	
۵۳	میرا نیم	۱۰۸	
۵۴	الدن کا سفر	۱۱۰	

لوری

سو جا آنکھ کے تارے سو جا　　سو جا دل کے سہارے سو جا
سو جا راج دُلارے سو جا　　سو جا چاند ہمارے سو جا
سو جا سو جا پیارے سو جا

رات نے جھنڈے سُکھ کے اُڑائے　　نیند کھڑی ہے پیر پھیلائے
ماں اپنے بچے کو سُلائے　　دھیمے سُروں میں لوری گائے
سو جا سو جا پیارے سو جا

کلیاں شاخوں پر سوتی ہیں　　شاخیں جھک جھک کر سوتی ہیں
چڑیاں بے بستر سوتی ہیں　　باجی اپنے گھر سوتی ہیں
سو جا سو جا پیارے سو جا

آہستہ کھیتوں سے نکل کر　　ندّی سے گذری ہے سنبھل کر
پیڑوں کے سائے میں ٹہل کر　　نیند آئی ہے دور سے چل کر
سو جا سو جا پیارے سو جا

یاس میں آس بندھائے گا تو　　بگڑے کام بنائے گا تو
دُکھ دنیا کا مٹائے گا تو　　سُکھ دے گا سُکھ پائے گا تو
سو جا سو جا پیارے سو جا

خدمت کرنا پیارے وطن کی　　رونق بننا اپنے چمن کی
یاد نہ آئے رنج و محن کی　　کرنا قدر افسر کے سخن کی
سو جا سو جا پیارے سو جا

❖❖❖

نیند کی پریاں

دور سے آتی ہیں
کھیل کھلاتی ہیں
جھولا جھلاتی ہیں
گانا سناتی ہیں
نیند کی پریاں

پھول بھی لائی ہیں
سیجیں بنائی ہیں
آنکھوں پہ چھائی ہیں
دور سے آئی ہیں
نیند کی پریاں

✤✤✤

ندیا پور

دور بہت ہی دور یہاں سے — اور اُس سے بھی دور
ندّی اک نکلی ہے جہاں سے — اور اُس سے بھی دور
دلدل ہے گہری سی جہاں پر — دلدل سے بھی دور
جنگل میں ہے بڑھیا کا گھر — جنگل سے بھی دور
یاد ہے اس کو ایک کہانی — ہے اس میں اک حوٗر
حوٗر یہ ہے اک ملک کی رانی — ملک ہے 'ندیا پور'
اس جنگل کو دیکھوں گا میں — جنگل سے بھی دور
حوٗر کے ملک میں جاؤں گا
یعنی 'ندیا پور'

چڑیا اور مُنّی

چڑیا چوں چوں کرتی ہے منی غوں غوں کرتی ہے
چڑیا گانا گاتی ہے منی شور مچاتی ہے
چڑیا جال میں پھنستی ہے منی لیٹی ہنستی ہے
چڑیا اُڑکر دور گئی منی ندیاپور گئی

❖❖❖

چاند کی بڑھیا

چاند کی چرخے والی بڑھیا میلی میلی کالی بڑھیا
کرنوں کی سیڑھی سے اُتر کر آتی ہے ہر بچے کے گھر
کہتی ہے ''آؤ بچو ! آؤ کرنوں کی سیڑھی پر چڑھ جاؤ''
چاند کے کھیت ہیں پیارے پیارے نور سے جھم جھم ہوتے ہیں سارے
چھپ چھپ کر بادل میں ہردم آنکھ مچولی کھیلیں گے ہم
سورج جب نکلے گا سحر کو
چپکے سے آجائیں گے گھر کو

❖❖❖

چاند میں پریاں رہتی ہیں

اماں ! باجی کہتی ہیں
''چاند میں پریاں رہتی ہیں''
رات کو پر پھیلاتی ہیں اور اُتر کر آتی ہیں
سب بچوں کو سلاتی ہیں اور پھر خواب دکھاتی ہیں
اماں ! باجی کہتی ہیں
''چاند میں پریاں رہتی ہیں''
میں تو آج نہ سوؤں گا رات گئے تک جاگوں گا
باہر باغ میں بیٹھوں گا چاند کی پریاں دیکھوں گا
اماں ! باجی کہتی ہیں
''چاند میں پریاں رہتی ہیں''

چندا ماموں

چندا ماموں ! چندا ماموں آؤ تمھیں اک چیز دکھاؤں
ساتھ مرے تم باغ میں آؤ
دیکھو دیکھو آگے نہ جاؤ
اے لو ! کھو گئی تتلی اڑ کر
بیٹھی تھی وہ اس پودے پر
رات کو آئے ہو چندا ماموں کیسے تمھیں اب تتلی دکھاؤں
چندا ماموں سنتے بھی ہو
اپنا جال مجھے تم دے دو
صبح کو میں پھر اس کے اندر
تتلی لے آؤں گا پکڑ کر
جب پھر آؤ گے چندا ماموں میں پوچھوں گا تتلی دکھاؤں

چاند

تم ندّی پر جاکر دیکھو　　جب ندّی میں نہائے چاند
ڈبکی لگائے ، غوطے کھائے　　ڈر ہے ڈوب نہ جائے چاند
کرنوں کی ایک سیڑھی لے کر　　چھم چھم اترا آئے چاند
جھوُلے میں پانی کی لہروں کے　　کیا کیا پینگ بڑھائے چاند
ہنس ہنس کر ندی کے اندر　　روتوں کو بھی ہنسائے چاند
جب تم اس کو پکڑنے جاؤ　　بادل میں چھپ جائے چاند
پھر چپکے سے نکل کر دیکھے　　اور پھر خود کو چھپائے چاند
اب ہالے میں چپ بیٹھا ہے　　کیا کیا روپ دکھائے چاند

چاہے جدھر کو جاؤ افسؔر
ساتھ تمھارے جائے چاند

❖❖❖

ہاہاہاہاوہو

بادل چھائے ہیں ہر سو　　ہا ہا ہا ہا و ہو
کوئل کرتی ہے کو کو　　ہا ہا ہا ہا و ہو
کالے کوے کی جورو　　ہا ہا ہا ہا و ہو
جل کر کہتی ہے تو تو　　ہا ہا ہا ہا و ہو
پھول چمن میں ہیں ہر سو　　ہا ہا ہا ہا و ہو
بھینی بھینی ہے خوشبو　　ہا ہا ہا ہا و ہو

امّاں دیکھو بجلی چمکی

اماں دیکھو بجلی چمکی بجلی چمکی ، بجلی چمکی

کالے کالے بادل آئے

بادل آئے بادل چھائے

بادل گرجے بادل کڑکے

میرا دل رہ رہ کے دھڑکے

اماں دیکھو بجلی چمکی بجلی چمکی ، بجلی چمکی

ننھی ننھی بوندیں آئیں

کلیاں باغیچے میں نہائیں

تیز ہوا کا جھونکا آیا

بوندوں کو کمرے تک لایا

اماں دیکھو بجلی چمکی بجلی چمکی ، بجلی چمکی

ماں کا پیارا

امّاں مجھ کو پیار کریں　　پیاروں کی بھرمار کریں

جب اسکول سے آؤں میں
تب بھی مجھ کو پیار کریں
جلدی جلدی نہاؤں میں
تب بھی مجھ کو پیار کریں
اور کھانا کچھ کھاؤں میں
تب بھی مجھ کو پیار کریں
اور پھر کھیلنے جاؤں میں
تب بھی مجھ کو پیار کریں

پیاروں کی بھرمار کریں　　امّاں مجھ کو پیار کریں

پھر جب کھیل کے آؤں میں
تب بھی مجھ کو پیار کریں
شام کا گانا گاؤں میں
تب بھی مجھ کو پیار کریں
پھر کچھ پڑھ کے سناؤں میں
تب بھی مجھ کو پیار کریں
اور پھر سونے جاؤں میں
تب بھی مجھ کو پیار کریں

پیاروں کی بھر مار کریں　　اماں مجھ کو پیار کریں

؟

توڑ دیے کل میز پہ جا کر کس نے پیالے؟ میں نے اماں
ڈالے داغ یہ دیواروں پر کس نے کالے؟ میں نے اماں
فرش پہ کیچڑ کے یہ دھبے کس نے ڈالے؟ میں نے اماں
الماری سے کاغذ میرے کس نے نکالے؟ میں نے اماں
ڈھنگ ہیں دنیا بھر میں ایسے کس کے نرالے؟ میرے اماں
کس کے جواب ہیں گھر میں ایسے
بھولے بھالے؟ میرے اماں

❖❖❖

اسکول کی گھڑی

اسکول کی گھڑی ہے دیوار میں گڑی ہے
اس کو خبر نہیں ہے
اسکول گھر نہیں ہے
ٹک ٹک لگا رکھی ہے
ہر وقت بولتی ہے
اسکول کی گھڑی ہے دیوار میں گڑی ہے
اتنا جسے نہ آئے
دس دیر میں بجائے
کس کام کی گھڑی وہ
کتنی ہی ہو بڑی وہ
اسکول کی گھڑی ہے دیوار میں گڑی ہے

علم کی مایا

جاگو جاگو سونے والو سو سو کر دن کھونے والو
دنیا جاگ اُٹھی ہے کب کی نیند تمھاری ہے کس ڈھب کی
جاگنے والوں نے کچھ پایا اُٹھ کے سمیٹی علم کی مایا
علم نے گِرتوں کو بھی سنبھالا علم سے ہے دنیا میں اُجالا
جن قوموں نے ترقی کی ہے وہ سب لکھ پڑھ کر ہی کی ہے
آؤ ، آج سے کرلیں ارادہ
اَن پڑھ اب کوئی نہ رہے گا

❖❖❖

دھنکی کیا کہتی ہے

دانت بجاتا جاڑا آیا روئی کا گٹھر سر پر لایا
آگئے دیکھیے کتنے دُھنیے دُھنکی کیا کہتی ہے سنیے
گھر گھر روئی ، گھر گھر روئی بھر بھر روئی ، بھر بھر روئی
ہٹ رے تنکے ، ہٹ رے کوڑے جلدی جلدی چھنٹ رے کوڑے
گالا سی اب ہو گئی روئی
رہ گئے گالے کھو گئی روئی

❖❖❖

کیا کھا گئے

دوڑا دوڑا چوہا آیا
اور خرگوش کو بیٹھا پایا
بولا، ''یوں آیا ہوں بھائی
بات ضروری اک یاد آئی
جانتے ہو کیا کر بیٹھے ہو
تم جو ابھی کھاکر بیٹھے ہو
وہ چھوٹی سی سنہری پڑیا
یہ بھی سمجھے اصل میں تھی کیا؟''
چونکا کچھ کچھ کانوں والا
کچھ تو ضرور ہے دال میں کالا
بولا، ''چوہے کیا کہتا ہے
آخر تیرے جی میں کیا ہے؟''
بولا، ''چوہا ہو کہ چھلاوا
تم ہو نرے بچھیا کے باوا
دیکھ کے کھاتے ہیں چیزیں بھیا
تم جو کھا گئے تھا وہ تتیّا''

❈ ❈ ❈

لالہ جی کی ٹوپی

لالہ جی نے ٹوپی کھوئی
صاف اُڑاکر لے گیا کوئی
اُس نے لی ہے اِس نے لی ہے   کون بتائے کس نے لی ہے
میں کہتا ہوں تم ہو چور
چور کے گھر میں ناچے مور
تم ہو چور، جب منہ زور   میں کہتا ہوں تم ہو چور
کیا ہو اور جو گم ہو چور
تم ہو چور چغلی خور
میں کہتا ہوں تم ہو چور   ہم اور تم بس ہیں دو چور

کنکوا بن جاؤ

تارا سا لہراؤں کنکوا بن جاؤں
جب اماں تم آؤ
چھت کو خالی پاؤ
چپ کی چپ رہ جاؤ
سارے میں ڈھنڈواؤ
پھر بھی میں تو نہ آؤں کنکوا بن جاؤں
ڈور کو جب تم پاؤ
کھینچو اور کھنچواؤ
اور ہنستی بھی جاؤ
اور پھر مجھ کو بلاؤ
تب میں گھر میں آؤں کنکوا بن جاؤں

❖❖❖

بیٹے کا جھوٹ

اک گھوسی کے اک لڑکا تھا سیدھا سادا بھولا بھالا
گھوسی بولا اس لڑکے سے ''پانی کا لوٹا تو اُٹھا لا''
وہ لڑکا جب لوٹا لایا باپ نے دودھ اس لوٹے میں ڈالا
اور پھر پوچھا اس لڑکے سے ''سمجھا کچھ یہ گڑبڑ جھالا؟''
لڑکا بولا ''ہاں میں سمجھا دودھ میں پانی آپ نے ڈالا''
''اتنا جھوٹ ارے او لڑکے تیرا منہ ہو جائے کالا
پانی میں دودھ ہے ڈالا میں نے یا ہے دودھ میں پانی ڈالا؟
جھوٹ نہ سیکھ ابھی سے بیٹا
تو ہے بہت ہی بھولا بھالا''

آج کی نیکی

باپ اور بیٹے سونے لیٹے
باپ نے پوچھا "میرے بیٹے
سونے سے پہلے یہ تو بتا دے
آج کوئی نیکی بھی کی ہے،"

لڑکا بولا "یہ نیکی کی
جان بچائی اک مکھی کی،"
باپ نے پوچھا پھر یہ ہنس کر
"ننھی سی جان بچائی کیوں کر؟"

بیٹا بولا "اک مکڑی تھی
جس نے مکھی آ پکڑی تھی
میں نے مار دیا مکڑی کو
اور بچایا یوں مکھی کو،"

❋ ❋ ❋

اے خدا! اے خدا!

پھول بھیجے ہیں جو تو نے پودوں کے ہاتھ   سارے دن آج کھیلا ہوں میں ان کے ساتھ
اور کلیاں کِھلا ، اور کلیاں کِھلا
اے خدا! اے خدا! اے خدا! اے خدا

رات تاروں سے جھولی بھرے آئی تھی   گھپ اندھیرا مگر ساتھ وہ لائی تھی
میں کبھی خوش ہوا میں کبھی ڈر گیا
اے خدا! اے خدا! اے خدا! اے خدا

پتیاں ہیں ہتھیلی پہ موتی لیے   تو نے پودوں کو یہ سب کھلونے دیے
ان سے آتا نہیں ہے مگر کھیلنا
اے خدا! اے خدا! اے خدا! اے خدا

گانا چڑیاں جو گاتی ہوئی آئی ہیں   صبح کو چہچہاتی ہوئی آئی ہیں
ان کو تو نے بتایا ہے میرا پتا
اے خدا! اے خدا! اے خدا! اے خدا

❋❋❋

خدا، اے خدا

خدا، اے خدا
ہمیں سیدھا راستہ چلا، اے خدا   برائی سے ہم کو بچا، اے خدا
یہی ہے ہماری دعا، اے خدا
خدا، اے خدا

کہیں کوئی پائیں جو نا چار ہم   بنیں اس کے ہمدرد و غمخوار ہم
ہمارا یہ ہے مدّعا، اے خدا
خدا، اے خدا

کسی پر کوئی ظلم راں ہو اگر   محبت کو اپنی بنا دیں سپر
ہمیں کر وہ طاقت عطا اے خدا
خدا، اے خدا

کسی کو اگر غمزدہ پائیں ہم   تو تسکین دل اس کو پہنچائیں ہم
ہماری ہے یہ التجا اے خدا
خدا، اے خدا

مسافر کوئی بھولا بھٹکا اگر!   کہیں راہ میں ہم کو آئے نظر
بنیں اس کے ہم رہ نما، اے خدا
خدا، اے خدا

ضعیفی کے جو ہیں ستائے ہوئے   پڑے ہیں بہت دکھ اٹھائے ہوئے
ہم ان کے لیے ہوں عصا اے خدا
خدا، اے خدا

ہمارا وطن ہو ہمارے لیے   بنائیں اسے ہم سنواریں اسے
یہی ہے ہماری دعا اے خدا
خدا، اے خدا

دنیا میں جنت

باغوں نے پہنا پھولوں کا گہنا
نہروں کا بہنا وارفتہ رہنا
دنیا میں جنت میرا وطن ہے
بھوری گھٹائیں لائیں ہوائیں
باغوں میں جائیں کلیاں کھلائیں
دنیا میں جنت میرا وطن ہے
اک جھونپڑی ہے سب کچھ یہی ہے
کیا سادگی ہے کیا زندگی ہے
دنیا میں جنت میرا وطن ہے
کرشن کنہیا رادھا کا رسیا
تھا اس زمیں کا روشن ستارا
دنیا میں جنت میرا وطن ہے
وہ تُرک آئے بھارت پہ چھائے
جھنڈے اُڑائے قرآن لائے
دنیا میں جنت میرا وطن ہے
چشتی نے بخشا دل کو سہارا
ہمدرد ایسا کس کو ملا تھا
دنیا میں جنت میرا وطن ہے
گوتم کا گھر ہے جنت کا در ہے
افسر کدھر ہے کیا بے خبر ہے
دنیا میں جنت میرا وطن ہے

کسان کی دعا

اے جگ داتا جگ کے سہارے   اے ہم سب کے پالن ہارے
کھیتوں کو پانی سے بھر دے
ندّی نالے جل تھل کر دے
ہریالے ہوں کھیت ہمارے
اے جگ داتا جگ کے سہارے   اے ہم سب کے پالن ہارے

ہر کوٹھے میں دھان بھرے ہوں
گیہوں سے کھلیان بھرے ہوں
خوش ہوں گاؤں والے سارے
اے جگ داتا جگ کے سہارے   اے ہم سب کے پالن ہارے

ہریالی ہو دھرتی ساری
چارا پائیں گائیں ہماری
بہنے لگیں پھر دودھ کے دھارے
اے جگ داتا جگ کے سہارے   اے ہم سب کے پالن ہارے

❖❖❖

کاغذ کی ناؤ

دیکھو امّاں کیسی اچھی ہے مری کاغذ کی ناؤ
لے چلا ہے ساتھ اس کو مینھہ کے پانی کا بہاؤ
بند کر دیتا نہ میں سب موریوں کے منہ اگر
کس طرح پانی سے بھر جاتا بھلا پھر سارا گھر
میری کشتی تم ذرا دیکھو تو اک چکر میں ہے
گو کہ دریا میں ہے لیکن پھر بھی گھر کے گھر میں ہے
مچھلیاں اس واسطے آنگن کے دریا میں نہیں
ڈر کے میری ناؤ سے ساری کی ساری چھپ گئیں
اچھی امّاں اب مجھے دریا میں جانے دو ذرا
اپنی کشتی کو مجھے خود ہی چلانے دو ذرا
جا رہا ہوں گا میں جب کشتی سنبھالے دیکھنا
تم کہوگی میرے ننھے ناؤ والے دیکھنا
میں کہوں گا میری امّاں ! کس طرح دیکھوں ادھر
کیا کروں گا ناؤ رستے سے بھٹک جائے اگر
دھیان بٹ جائے تو کشتی ڈوب جائے گی ضرور
بیٹھ کر کس چیز میں پھر جاؤں گا میں دور دور
اچھی امّاں اب مجھے دریا میں جانے دو ذرا
اپنی کشتی کو مجھے خود ہی چلانے دو ذرا
دیکھ لینا تم کہ اس دریا میں ڈوبوں گا نہ میں
اچھی امّاں دیر تک دریا میں کھیلوں گا نہ میں

✤✤✤

ٹرلل

باغ جو اک ندی پر تھا
اس میں گلہری کا گھر تھا
سب مل کر تھے چار جنے
ماں اور باپ اور دو بچے
اک بچہ تھا نیک بہت
لیکن بد تھا ایک بہت
بد کا نام ٹرلل تھا
شوخ تھا یہ اور بے کل تھا
ہر ایک پیڑ پہ چڑھتا تھا
اکثر گر بھی پڑتا تھا
گھونسلا جو خالی پاتا
تتّر بتّر کر آتا
انڈے چڑیوں کے لیتا
اور گُدّے پر رکھ دیتا
آخر وہ نیچے گرتے
پیڑ پہ یہ ہنستے پھرتے
اب اک دن کا ذِکر سنو
کچھ سوجھی جو ٹرلل کو
ایسے پیڑ پہ جا پہنچا
جو تھا بہت ہی اونچا سا
راہ لی پھر اک گدّے کی
کھوکھ اک اس گدّے میں تھی
کھوکھ کے منہ پر یہ پہنچا
اور پھر زور سے چیخ پڑا
یہ تھا اک اُلو کا گھر
فوراً وہ نکلا باہر
اور غصّے میں یوں بولا
او مردود ! بھلا دیکھا
چوری کرنے آیا ہے
شاید مرنے آیا ہے
اُڑ گئے ہوش ٹرلل کے
دم نکلا ڈر کے مارے
بھاگنا جب اس نے چاہا
اوندھے منہ نیچے آیا
سر میں چوٹ بہت آئی
ہر سو تاریکی چھائی
آخر اک چھوٹا لڑکا
جب اس جانب سے گزرا
اس نے ٹرلل کو لے کر
رکھا ٹوپی کے اندر
اور سیدھا پھر گھر پہنچا
لے کے گلہری کا بچہ
اب بھی ٹرلل زندہ ہے
اک پنجرے میں رہتا ہے
تم بھی سمجھ لو آج یہی
ایسوں کا ہے علاج یہی

بلّی کے بچّے

چار بچّے تھے ایک بلی کے
رہنے والے تھے سب یہ دلّی کے
کر کے دروازہ بند باہر سے
ایک دن ماں کہیں گئی گھر سے
ماں کے جاتے ہی یہ نڈر بچے
گھر کے اندر نہ ایک پل ٹھہرے
کوئی کھڑکی سے کود کر آیا
کوئی موری کی راہ سے نکلا

کہیں مٹکا رکھا تھا پانی کا
کود کر ایک اس پہ جا پہنچا
دوسرے دیکھتے رہے اس کو
سوچتے تھے کہ دیکھیے کیا ہو
پاؤں آخر پھسل گیا اس کا
اور پانی میں جا پڑا بچا
بھیگ کر جب وہ نکلا مٹکے سے
اس کے ساتھی بہت ہی حیراں تھے

ایک طرف دوسرا چلا بچا
پر سُکیڑے تتیّا بیٹھا تھا
دیکھ کر اس کو وہ ذرا ٹھٹکا
اور پھر ساتھیوں سے یوں بولا
آؤ دیکھو تو چیز یہ کیا ہے
تم نے پہلے بھی اس کو دیکھا ہے
اس کے پر دیکھنا ہیں کیا اچھے
میں تو جانوں یہ چھوٹی چڑیا ہے

اتنے میں ایک بچہ آگے بڑھا
اور منہ میں اسے دبوچ لیا
جب تتیّے کا یوں ہوا کچلا
ہونٹ پر اس نے ڈنک مار دیا
دھیان کب تھا اسے اس آفت کا
ڈنک لگتے ہی بلبلا اٹھا
بلی اتنے میں لوٹ کر آئی
اور بچوں پہ خوب غرائی
ماں کا اپنی سنا نہیں کہنا
حال کیا تم نے کر لیا اپنا
گھر سے باہر نکل گئے کیوں تم
عقل آخر کہاں ہوئی تھی گم

بات سنتے نہیں ہیں جو ماں کی
حال ہوتا ہے ان کا ایسا ہی

ایک چوہا سا

سویرے بہت ایک بلّی اُٹھی
اور انگڑائی لے کے کچھ آگے بڑھی
کیا منہ بھی صاف اور بال بھی
ذرا چل کے پھر دیکھ لی چال بھی
صفائی کا یوں اور بھی دھیان تھا
محبت کا چوہوں کی ارمان تھا
کوئی چوہا دل میں نہ یہ کہہ سکے
کہ خالہ ہماری تو گندی سی ہے
غرض خوب بن ٹھن کے بلّی چلی
ادھر چوہوں میں مچ گئی کھلبلی
اِدھر اور اُدھر بھاگتے دوڑتے
بلوں میں غرض سب کے سب جا چھپے
بہت دیر چپ چاپ بیٹھی رہی
مگر پھر بھی چوہا نہ نکلا کوئی !
غرض پھر وہ اٹھ کر چلی کھیت پر
وہاں 'ایک چوہا سا' آیا نظر
بڑی دیر تک اس کو تکتی رہی
دبے پاؤں آگے سرکتی رہی
پھر اک جست میں جا دبوچا اسے
ذرا اپنے پنجے سے نوچا اسے
چلی پھر وہ منہ میں دبا کر اسے
کہ دے گی بِلاو کو جاکر اسے
کہا یہ بلاو نے گھر کے قریب
''پکڑ لائی کیوں تو یہ نیولا غریب''
ادھر نیولے نے یہ ترکیب کی
کہ صورت بنالی تھی مردے کی سی
بلاو نے پھر گھر پہنچ کر کہا
کہ اس مردہ نیولے کو کرنا ہے کیا
ذرا اب تو بلی کو بھی شک ہوا
کہ موٹا سا چوہا مرا مرگیا
یہ دھیان آتے ہی منہ سے چھوڑا اسے
کہ مردے کو کیا کوئی پکڑے رہے
ادھر جب وہ نیولا زمیں پر گرا
تو اک منہ پہ بلی کے حملہ کیا
ابھی یہ سنبھلنے بھی پائی نہ تھی
کہ نیولے نے جنگل کی پھر راہ لی

غرض اس سے بلی کچھ ایسی ڈری
کہ نیولا نہ پھر اس نے پکڑا کبھی

مچھر اور مچھرانیاں

ٹوٹی پھوٹی موری میں اک مچھر صاحب رہتے ہیں
شاید وہ گھر میں بھی اپنے مچھر ہی کہلاتے ہیں

بیویاں ان کے چار عدد ہیں مچھرانی کہلاتی ہیں
موری والے گھر میں ہی جی چاروں سے بہلاتے ہیں

اک دن وہ گھر سے نکلے تو واپس آنا بھول گئے
میں تو جانوں اسی طرح سے روز کہیں اُڑ جاتے ہیں

بیویاں ان کی چُپ بیٹھی تھیں لیکن فکر تھی سب کو ہی
چاروں آپس میں کہتی تھیں اب آتے اب آتے ہیں

پہلی بولی ''سچ کہتی ہوں میں عادت سے واقف ہوں
آڑے ترچھے اُڑتے وہ اب بین بجاتے آتے ہیں''

دوسری بولی ''سچ کہتی ہوں میں عادت سے واقف ہوں
لال کھٹولا ہرے بھرے تکیے ان پر لوٹ لگاتے ہیں''

تیسری بولی ''سچ کہتی ہوں میں عادت سے واقف ہوں
کوڑا گھر کے خمیر کے اوپر رہ رہ کر منڈلاتے ہیں''

چوتھی بولی ''سچ کہتی ہوں میں عادت سے واقف ہوں
باسی باسی پھلوں کے رس میں خوش ہو ہو کے نہاتے ہیں''

✤✤✤

جیسا میرا دیش ہے افسرؔ!

پھولوں کا ہر سمت مہکنا　　کلیوں کا ہر روز چٹکنا
باغوں میں بلبل کا چہکنا　　میووں کا شاخوں سے لٹکنا
جیسا میرا دیش ہے افسرؔ ایسا کوئی دیس نہیں

کیسے اچھے دریا　　وہ ان کا اِٹھلا کر چلنا
دو بہنیں ہیں گنگا جمنا　　دنیا میں ثانی نہیں ان کا
جیسا میرا دیش ہے افسرؔ ایسا کوئی دیس نہیں

دیکھو یہ ساون کی بہاریں　　پڑتی ہیں ہر سمت پھواریں
ہرے ہرے پودوں کی قطاریں　　بادل جن پر موتی واریں
جیسا میرا دیش ہے افسرؔ ایسا کوئی دیس نہیں

شبنم نے پھولوں کو نکھارا　　سورج نے کچھ اور سنوارا
کیسا سماں ہے پیارا پیارا　　اک گلشن ہے بھارت سارا
جیسا میرا دیش ہے افسرؔ ایسا کوئی دیس نہیں

مٹی ہے اکسیر یہاں کی　　ایسی زمیں ہے اور کہاں کی
جھولی بھر دی سارے جہاں کی　　کیوں کر ہو تعریف کساں کی
جیسا میرا دیش ہے افسرؔ ایسا کوئی دیس نہیں

❖❖❖

دو رُخ

بادل ہر سو تنا کھڑا تھا
اور زور کا مینہہ برس رہا تھا
تالاب میں جو بطیں کھڑی تھی
خوش خوش کیچڑ سے کھیلتی تھیں
اک گائے کا تھان بھی وہیں تھا
اس میں مینہہ کا گزر نہیں تھا
تھی جھونپڑی خاصی تھان کیا تھا
چھپر اس پر پڑا ہوا تھا

بچھڑے نے وہاں سے منہ نکالا
اور زور سے اس طرح پکارا
"کرتی کیا ہو ائے بطو تم ؟
بارش میں نہ اس طرح پھرو تم
پر بھیگ گئے بہت تمھارے
بیماری کے ڈھنگ ہیں یہ سارے"

یہ سن کے کہا بطوں نے مل کر
"تم کیوں نہیں آتے بھائی باہر
تالاب کے پاس کھیلیں گے سب
آتے ہیں بھلا ایسے دن کب کب
یہ مینہہ یہ ہوا یہ بھورے بادل
پانی سے بھرے ہوئے ہیں جل تھل
کون ایسے میں بیٹھتا ہے اندر
تم بھی آجاؤ گھر سے باہر"

بچھڑا یہ بات سن کے بولا
"کھو بیٹھی ہو عقل اپنی تم کیا ؟
کون ایسے میں نکلے گھر سے باہر
اندر آجاؤ تم بھی اندر!
بادل ایسے کڑک رہے ہیں
گھر میں بھی دل دھڑک رہے ہیں"

یہ بات سنی جو ان بطوں نے
کہنے لگیں ایک دوسری سے
"بچھڑا بھی عجیب جانور ہے
دل میں بادل کا جس کے ڈر ہے
بے عقل ہیں جن کے پر نہیں ہیں
سچ پوچھو تو جانور نہیں ہیں"

بچھڑے نے ادھر سے منہ کو پھیرا
اور ہنس کے یہ اپنی ماں سے بولا
"سنتی ہو بطوں کی گفتگو تم
عقل ان کی ضرور ہوگئی گم"

ماں بولی کہ "آؤ جانے بھی دو
تم گھاس کا لقمہ لے کے بیٹھو
ان میں نہیں عقل ہے یہ ظاہر
بے چاری بطیں بطیں ہیں آخر"

❖❖❖

بہار کے دن

آیا ہے بہار کا زمانہ
کلیوں کے نکھار کا زمانہ
کلیاں کیا کیا چٹک رہی ہیں
ساری رَوِشیں مہک رہی ہیں
ہلکی ہلکی یہ ان کی خوشبو
پھیلی ہوئی ہے چمن میں ہر سو
چڑیاں گاتی ہیں گیت پیارے
سنتے ہیں چمن میں پھول سارے
شاخوں کا بنا لیا ہے جھولا
پھولوں سے لدا ہوا ہے جھولا
کونپل ہر اک ہے کیسی پیاری
سبزی میں جھلک رہی ہے سرخی
کتنی راحت فزا ہَوا ہے
گویا جنت کا در کھلا ہے
خوش خوش ہر ایک آدمی ہے
ہر شئے میں بلا کی دلکشی ہے
یہ صبح کا دل فریب منظر
یہ شام کا حسن روح پرور
یہ رات کو چاندنی کا عالم
اللہ رے بے خودی کا عالم
کیسی دلچسپ چاندنی ہے
چادر اک نور کی تنی ہے
ہر دِل میں اُمنگ کس قدر ہے
سب پر ہی بہار کا اثر ہے
سڑکوں پہ جو لوگ جارہے ہیں
غزلیں افسؔر کی گارہے ہیں

صبح کا گیت

صبح ہنستی ہوئی اس طرح چلی آتی ہے
جیسے کِھلتی ہوئی اک سرخ کلی آتی ہے
خوش اسی طرح رہوں ائے مرے مولا ، میں بھی

کھلتی کھیلتی آتی ہے صبا صبح کے وقت
باغ میں پھول کھلاتی ہے صبا صبح کے وقت
خوش ہر اک دل کو رکھوں اے مرے مولا ، میں بھی

مکھیاں شہد کی پھولوں پہ نظر آتی ہیں
رس ہر اک پھول کا ، لے لے کے چلی جاتی ہیں
کام ایسے ہی کروں اے مرے مولا ، میں بھی

ندی کیا پیاری ہے ہم پاتے ہے پانی اس سے
پیاس ہر کھیت کے پودوں کی بجھے گی جس سے
چشمۂ فیض بنوں اے مرے مولا ، میں بھی

صبح کو اُٹھ کے جب افسؔر یہ دعا تجھ سے کرے
اے خدا سارا جہاں تیری محبت سے بھرے
جھک کے آمین کہوں اے مرے مولا ، میں بھی

❖❖❖

موسمِ برسات کی صبح

آج جس وقت مجھے تم نے جگایا اماں
اپنے اور نیند کے پہلو سے اُٹھایا اماں
آسماں کملی تھا اوڑھے ہوئے کالی کالی
تازگی اور سفیدی سے فضا تھی خالی
نہ اندھیرا ہی تھا شب کا نہ اُجالا دن کا
رات کے گرد نظر آتا تھا ہالہ دن کا
اک بلندی کی کڑک پستی کو دہلاتی تھی
دِل ہلاتی ہوئی آواز سنی جاتی تھی
صبح ہر چار طرف روتی ہوئی پھرتی تھی
اپنا منہ آنسوؤں سے دھوتی ہوئی پھرتی تھی
جیسے ننھا سا میں بیٹا ہوں تمھارا اماں
ایسے ہی صبح کا اک لال ہے پیارا اماں
جیسے میں کھیلنے جاتا ہوں بہت دور کہیں
ایسے ہی شرق میں ہے آج وہ مستور کہیں

کھو گیا ہے نظر آتا نہیں بچہ اُس کا
ڈھونڈتی لاکھ ہے پاتا نہیں بچہ اُس کا
دیکھو تو صبح کا دل سرد ہے بے نور ہے آنکھ
اپنے بچّے کے تصوّر ہی سے معمور ہے آنکھ
مجھ کو جانے دو کہ میں ڈھونڈ کے لاؤں اس کو
غمزدہ صبح کے پہلو میں بٹھاؤں اس کو

✤✤✤

وقت کی ڈِبیا

(بے قافیہ نظم)

اچھی اماں وقت کی ڈبیا جو کھل جائے کہیں
اور یہ گھنٹے اور منٹ سارے نکل کر بھاگ جائیں
تب مجھے مکتب نہ جانے پر برا کہنا نہ تم
تب تو مکتب کا نہ ہوگا وقت ہی گویا کبھی
جس قدر گھڑیاں ہیں دنیا بھر میں وہ تو سب کی سب
دیکھ لینا دس بجانا ہی نہ جانیں گی کبھی
دیکھو امّاں اب جو سونے کے لیے لیٹوں نہ میں
تم نہ اب مجھ پر خفا ہونا خطا میری نہیں
کیسے سوؤں میں نشاں تک بھی نہ ہو جب رات کا
میری امّاں اب تو راتیں ساری غائب ہوگئیں
اچھی امّاں آج تو اک بات میری مان لو
بس کہانی پر کہانی مجھ سے تم کہتی رہو
تم کہو گی یہ کہانی ختم ہوتی ہی نہیں
ختم ہوجائے کہانی رات جب آگے بڑھے
دیکھ لینا آج سونے کو نہ ہوگی دیر کچھ
وقت کی ڈبیا کے کھل جانے سے راتیں اڑ گئیں

رات مجھ کو چودھویں کا چاند جب آیا نظر
گود میں لے لوں اسے جی چاہتا تھا دوڑ کر
پاس پہنچا میں تو مجھ پر راز اس کا کھل گیا
چاند کب تھا چاند سا چہرہ تھا اماں جان کا

میں نے دیکھا جب ہٹا پر وہ شب دیجور کا
صبح نکلی شرق میں دامن سنبھالے نور کا
پاس پہنچا میں تو مجھ پر راز اس کا کھل گیا
صبح کب تھی پیارا چہرہ تھا یہ اماں جان کا

پھول اک دیکھا کہ جس کو تم نہ دیکھو گی کبھی !
پھول ایسے خوشنما گلزار میں ہوتے ہیں
پاس پہنچا میں تو مجھ پر راز اس کا کھل گیا
پھول کب تھا پھول سا چہرہ تھا امان جان کا

جامیٹری

جامیٹری نے مار دیا کچھ نہ پوچھئے   اس سے بچائے سب کو خدا کچھ نہ پوچھئے
ہر لحظہ یہ خیال ہے کل رات سے مجھے   کیا کام زاویوں کی مساوات سے مجھے
اطراف زاویوں کے برابر نہیں، نہ ہوں   سطریں اگر عمود کے اوپر نہیں، نہ ہوں
میں کیا کروں اگر یہ مثلث نہیں رہا   مجھ سے غرض، اگر وہ مربع نہیں بنا
اس بات سے مجھے تو کوئی واسطہ نہیں   مرکز کو قطر سے کوئی نسبت ہے یا نہیں
کیسی نظر کو لگتی ہیں اس سے غرض نہیں   دو چار اُلٹی سیدھی لکیریں سی کھینچ دیں
اس پر یہ ضد کہ ان کا مہیا کرو ثبوت   اب ہائے ہم ہیں اور یہ جامیٹری کا بھوت
ہیں کام اور اس سے زیادہ مفید بھی   دنیا میں فائدے کی ہے جن سے اُمید بھی

سوجھا کسی کو ہے یہ خدا جانے کیا مذاق
جس سے غریب طالب علموں کے دل ہیں شاق

❋ ❋ ❋

پہاڑی ندی

کوہ سے ندّی چلی آتی ہے لہراتی ہوئی
بے خودی میں ڈگمگاتی جھومتی گاتی ہوئی
اپنی ہی رفتار پر ہوتی ہوئی خود ہی نثار
اپنی موسیقی پہ خود ہی وجد میں آتی ہوئی
چرخِ نیلی فام کا حیرت سے منہ تکتی ہوئی
آ رہی ہے آئینہ تاروں کو دِکھلاتی ہوئی
اونچے نیچے کوہچوں سے چھیڑ کرتی کھیلتی
چھوٹے چھوٹے پتھروں کو ساتھ لڑھکاتی ہوئی
ڈھال سے گزری پھسلتی لڑکھڑاتی کودتی
موڑ پر رُکتی ہوئی ٹیلوں سے کتراتی ہوئی
کوہ کے سینے پہ ہر لحظہ مچلتی لوٹتی
وہ چلی آتی ہے دیکھو بل پہ بل کھاتی ہوئی
جیسے بجلی سوتے سوتے لے رہی ہو کروٹیں
جیسے اک ناگن سفید آتی ہو لہراتی ہوئی
جیسے اوندھا دے منوں پگھلی ہوئی چاندی کوئی
اک پری جیسے چلی آتی ہو اِٹھلاتی ہوئی
موتیوں کو اس کا ہر قطرہ خجل کرتا ہوا
سنگ ریزوں کی چمک ہیروں کو شرماتی ہوئی

✤✤✤

بھارت پیارا بھارت پیارا

آنکھوں کا ہے تارا بھارت دل کا اپنے سہارا بھارت
نیارا سب سے ہمارا بھارت پیارا بھارت پیارا بھارت
بھارت پیارا بھارت پیارا

پیارے پھول اور پھل بھارت کے پیارے سب جنگل بھارت کے
پیارے آج اور کل بھارت کے پیارے جل اور تھل بھارت کے
بھارت پیارا بھارت پیارا

کتنا بڑا ہے پہاڑ ہمالا جگ کے پہاڑوں سے ہے نرالا
دیو ہو جیسے کالا کالا رَکشا دیش کی کرنے والا
بھارت پیارا بھارت پیارا

افسرؔ سب کے دِل بہلائیں اُمیدوں کے پھول کھلائیں
اپنے دیس کے ہم گُن گائیں سب مل کر یہ گیت سنائیں
بھارت پیارا بھارت پیارا

میرا وطن

پھولوں سے بھی سوا ہے کانٹا مرے وطن کا
ہے آفتاب مجھ کو ذرّہ مرے وطن کا
دِل میں جما ہوا ہے نقشہ مرے وطن کا

ہیں سب کو عزیز اس کی بُرائیاں بھی
بہتر بہار سے ہے اس کی مجھے خزاں بھی
دنیا میں ہو رہا ہے چرچا مرے وطن کا

گودی میں اسکی دریا کیا کیا مچل رہے ہیں
ہر سمت کیسے کیسے چشمے ابل رہے ہیں
گویا بہشت ہے اک نقشہ مرے وطن کا

آیا کہاں سے کھِنچ کر یونانیوں کا لشکر
اُلفت سے اس کی آخر پسپا ہوا سکندر
شیدائی بن کے آیا دارا مرے وطن کا

تاتاریوں نے اس پر اپنا قدم جمایا
مغلوں نے چھاونی کی، ترکوں نے گھر بنایا
سارے جہان پر ہے سِکّہ مرے وطن کا

میں نے جہان بھر کی کیا کیا نہ خاک اڑائی
ایسی جہان بھر میں بستی کہیں نہ پائی
ہے میرے سر میں افسرؔ سودا مرے وطن کا

بھارت کے گُن گاتے ہیں

دن جو بہار کے آتے ہیں کیا کیا پھول کِھلاتے ہیں
بادل مینہہ برساتے ہیں بلبل گیت سناتے ہیں
بھارت کے گن گاتے ہیں
دل کی مرادیں پاتے ہیں

اپنے اور بیگانے ہیں بھارت کے دیوانے ہیں
لب پر اس کے ترانے ہیں دل میں اس کے فسانے ہیں
بھارت کے گُن گاتے ہیں
دِل کی مرادیں پاتے ہیں

سونا اس کی کانوں میں لعل بھرے ہیں خزانوں میں
دولت ہے میدانوں میں راحت ہے ویرانوں میں
بھارت کے گُن گاتے ہیں
دِل کی مرادیں پاتے ہیں

بدھ اس کے دِلدادوں میں جوگی تھا شہزادوں میں
حسن تھا اس کی مُرادوں میں کیا ہمت تھی اِرادوں میں
بھارت کے گن گاتے ہیں
دل کی مرادیں پاتے ہیں

❖❖❖

وطن میرا بھارت کی پیاری زمیں ہے

ہیں سب جس کے شیدا یہ وہ سر زمیں ہے
جسے ہند کہتے ہیں خُلدِ بریں ہے
ہر اک شئے یہاں کی بہت دلنشیں ہے
یہی فخر میرے لیے کم نہیں ہے
وطن میرا بھارت کی پیاری زمیں ہے

کسی کو یہاں آکے عزّت ملی ہے
کسی کو خزانوں سے دولت ملی ہے
مجھے اس کے سایے میں راحت ملی ہے
محبت کے بدلے محبت ملی ہے
وطن میرا بھارت کی پیاری زمیں ہے

کہاں مسکراتا ہے یوں ماہِ تاباں
جہاں میں کہاں ایسی کِھلتی ہیں کلیاں
کہاں یوں ہوائیں ہیں خوشبو بداماں
کہاں ہیں جہاں میں یہ راحت کے ساماں
وطن میرا بھارت کی پیاری زمیں ہے

وطن میرا ہے حسن و خوبی کا پیکر
ہے پھیلا ہوا نور ہی نور یکسر!
سما جائے یہ نور آنکھوں کے اندر
میں کھو جاؤں اس نور میں غرق ہوکر
وطن میرا بھارت کی پیاری زمیں ہے

ہمارا وطن، دل سے پیارا وطن

یہ ہندوستاں ہے ہمارا وطن
چمن زارِ جنت ہے سارا وطن
ہے دُکھ سُکھ میں دل کا سہارا وطن
ہے آنکھوں میں آنکھوں کا تارا وطن
ہمارا وطن دل سے پیارا وطن

یہ برسات کی ہلکی ہلکی پھوار
ہواؤں کا چلنا یہ مستانہ وار
یہ کھیتوں کی سبزی چمن کی بہار
یہ پھولوں کا شبنم سے ڈھل کر نکھار
ہمارا وطن دل سے پیارا وطن

یہ خاموش اور خوشنما بستیاں
کسانوں کے یہ چھوٹے چھوٹے مکاں
یہ سادہ لباس اور پیاری زباں
ترقی کی رَو سے یہ محرومیاں
ہمارا وطن دل سے پیارا وطن

یہ گرمی کی شاموں کا پیارا سماں
یہ جاڑے کی راتوں کی خاموشیاں
یہ جھوُلے پہ گیتوں کی دل سوزیاں
یہ برسات کی ہائے دلچسپیاں
ہمارا وطن دل سے پیارا وطن

یہ چڑیوں کا گانا چمن در چمن
یہ افسؔر ہے شاعر کا دلکش سخن
یہ سنسان جنگل یہ خاموش بن
یہ گنگا کی لہروں کا مستانہ پن
ہمارا وطن دل سے پیارا وطن

❖❖❖

میرے وطن کو تو نے جنت بنا دیا ہے

یہ آسماں بنایا
سارا جہاں بنایا
ہندوستاں بنایا
یا گلستاں بنایا
کیا شکر ہو الٰہی سب کچھ عطا کیا ہے
میرے وطن کو تو نے جنت بنا دیا ہے
کانوں کو بھر دیا ہے
مٹی میں زر دیا ہے
اکسیر کر دیا ہے
کیا پیارا گھر دیا ہے
کیا شکر ہو الٰہی سب کچھ عطا کیا ہے
میرے وطن کو تو نے جنت بنا دیا ہے

برسات آ رہی ہے
جھولے جھلا رہی ہے
کلیاں کھلا رہی ہے
دل کو لُبھا رہی ہے
کیا شکر ہو الٰہی سب کچھ عطا کیا ہے
میرے وطن کو تو نے جنت بنا دیا ہے

پربت جو اک یہاں ہے
ہمدوش آسماں ہے
کیسا عجب سماں ہے
ایسی زمیں کہاں ہے
کیا شکر ہو الٰہی سب کچھ عطا کیا ہے
میرے وطن کو تو نے جنت بنا دیا ہے

یہ پھونس کی کُٹی ہے
افسؔر کی جھونپڑی ہے
کس درجہ سادگی ہے
راحت کی زندگی ہے
کیا شکر ہو الٰہی سب کچھ عطا کیا ہے
میرے وطن کو تو نے جنت بنا دیا ہے

وطن کا راگ

بھارت پیارا دیش ہمارا سب دیشوں سے نیارا ہے
ہر رت ہر اک موسم اس کا کیسا پیارا پیارا ہے
کیسا سہانا کیسا سندر پیارا دیش ہمارا ہے
دُکھ میں، سکھ میں، ہر حالت میں بھارت دل کا سہارا ہے
بھارت پیارا دیش ہمارا سب دیشوں سے نیارا ہے
سارے جگ کے پہاڑوں میں بے مثل پہاڑ ہمالہ ہے
پربت سب سے اونچا ہے یہ پربت سب سے نرالا ہے
بھارت کی رَکھشا کرتا ہے بھارت کا رکھوالا ہے
لاکھوں چشمے بہتے ہیں اس میں لاکھوں ندیوں والا ہے
بھارت پیارا دیش ہمارا سب دیشوں سے نیارا ہے
گنگا جی کی پیاری لہریں گیت سناتی جاتی ہیں
صدیوں کی تہذیب ہماری یاد دلاتی جاتی ہیں
بھارت کے گلزاروں کو سرسبز بناتی جاتی ہیں
کھیتوں کو ہریالی دیتی پھول کھلاتی جاتی ہیں
بھارت پیارا دیش ہمارا سب دیشوں سے نیارا ہے

ہرے بھرے ہیں کھیت ہمارے دُنیا کو اَنّ دیتے ہیں
چاندی سونے کی کانوں سے ہم جگ کو دھَن دیتے ہیں
پریم کے پیارے پھول کی خوشبو گلشن گلشن دیتے ہیں
امن و اماں کی نعمت سب کو بھر بھر دامن دیتے ہیں

بھارت پیارا دیش ہمارا سب دیشوں سے نیارا ہے

کرشن کی بنسی نے پھونکی ہے روح ہماری جانوں میں
گوتم کی آواز بسی ہے محلوں میں میدانوں میں
چشتی نے جو دی تھی مے وہ اب تک ہے پیمانوں میں
نانک کی تعلیم ابھی تک گونج رہی ہے کانوں میں

بھارت پیارا دیش ہمارا سب دیشوں سے نیارا ہے

مذہب کچھ ہو ہندی ہیں ہم سارے بھائی بھائی ہیں
ہندو ہیں یا مسلم ہیں یا سکھ ہیں یا عیسائی ہیں
پریم نے سب کو ایک کیا ہے پریم کے ہم شیدائی ہیں
بھارت نام کے عاشق ہیں ہم بھارت کے سودائی ہیں

بھارت پیارا دیش ہمارا سب دیشوں سے نیارا ہے

راجا پرجا سب کے مالک سب کا ناتا تجھ سے ہے
دیش میں شوبھا جو کچھ ہے اے دیش کے داتا تجھ سے ہے
بھارت بھاگ بنا دینے کی آس ودھاتا تجھ سے ہے
داتا اب آشس کی بھکاری بھارت ماتا تجھ سے ہے

بھارت پیارا دیش ہمارا سب دیشوں سے نیارا ہے

❖❖❖

مالک الملک سے خطاب

ہمیں دیں نعمتیں کیا کیا اللہ العالمیں تو نے
کہ رہنے کو عطا کی ہند کی پیاری زمیں تو نے

ہیں دنیا کی جبینیں سجدہ فرسا خاک پر اس کی
کہ اپنے نور سے کی ہند کی روشن جبیں تو نے

نہ کیوں ہو ناز خاکِ ہند پر ہم ہندوالوں کو
کیا اکسیر اس مٹی کو رب العالمیں تو نے

کہاں یوں کھیلتی ہے چاندنی دریا کے دامن پر
یہ رونق چاند کو کب دی ہے دنیا میں کہیں تو نے

ہوئی تیرے کرم سے سربلندی ہند کو حاصل
بنایا خاتمِ عالم کا بھارت کو نگیں تو نے

ہے تو جلوہ فگن ہندوستاں کے ذرہ ذرہ سے
بنائی ہے اسی دنیا میں اک خلد بریں تو نے

وطن ہے ہند کالیداسؔ کا اور میرؔ و غالبؔ کا
کیا افسرؔ کو اب اِس دور میں پیدا یہیں تو نے

ایک تھا بادشاہ

کسی ملک میں ایک تھا بادشاہ
ہمارا تمھارا خدا بادشاہ
سنا ہے بہت ہی وہ بیمار تھا
خدا جانے کیا اس کو آزار تھا
امیرانہ کھانے وہ کھاتا تھا روز
مرغّن غذائیں اڑاتا تھا روز
بہ ظاہر وہ تھا ہر طرح تندرست
توانا، قوی، چاق و چوبند و چست
مگر جب کہے شاہ میں ہوں علیل
تو کیوں کر نہ مانے کوئی بے دلیل
بلائے گئے سیکڑوں ہی طبیب
وہ کرتے ہی کیا یہ مرض تھا عجیب
طبیبوں کو اب یہ سزا دی گئی
کہ گردن ہر اک کی اڑا دی گئی
سنا ہے یونہی دن گزرتے گئے
طبیب آکے ہر روز مرتے گئے

اب اک روز پیش آیا یہ واقعہ
کہ آیا وہاں ایک مردِ خدا
کہا اس نے سلطان کو دیکھ کر
مرض یہ خطرناک ہے سر بہ سر
کیا آپ نے گر نہ اس کا علاج
تو ہو جائے گا یہ مرض لا علاج
بتاتا ہوں میں ایک اس کی دوا
مرض کا رہے گا نہ جس سے پتا
قلم رو میں حاصل ہو راحت جسے
غم و رنج سے ہو فراغت جسے
کریں اس کا کرتا اگر زیب تن
تو ہوں گے نہ روگی شہِ ذوالمنن
روانہ ہوئے قاصدوں کے پرے
یہاں اور وہاں اور ڈرے اور پرے
مگر کوئی پایا نہ راحت نصیب
قلم رو میں ہر اک تھا آفت نصیب
ہر اک اپنے غم میں گرفتار تھا
کوئی غمزدہ کوئی بیمار تھا

بہت ڈھونڈنے پر ملا اک فقیر بہت ہی ذلیل اور بہت ہی حقیر
وہ تھا مست و بیخود، تھا شادکام انھوں نے کیا اس کو جا کر سلام
اور اس سے کہا اے فراغت نصیب ہے کیا تجھ کو دنیا میں راحت نصیب
کہا اس نے میں مرد آزاد ہوں زمانے میں بے فکر ہوں شاد ہوں
نہ ہے کام کا دکھ نہ محنت کا غم نہ دولت کی مجھ کو حفاظت کا غم
نہ بستی کا غم ہے نہ جنگل کی فکر نہ ہے آج کا دکھ نہ ہے کل کی فکر
انھوں نے کہا اس سے اے خوش نصیب بہ ظاہر تو ہے تو بہت ہی غریب!
اگر تو عطا اپنا کرتا کرے تو دامن ترا مال و زر سے بھرے
کہا اس نے اے صاحبانِ جہاں بھلا پاس میرے ہے کرتا کہاں
نہیں چاندی سونے کی حاجت مجھے نہیں مال و زر کی ضرورت مجھے
نہ جس کو میسر ہو دامن کوئی بھرے اس کے دامن میں کیا دھن کوئی
غرض ہو کے ناکام قاصد تمام گئے روبروئے شہِ نیک نام
جو دیکھا تھا اس سے بیاں کر دیا وہ سب حال اس پر عیاں کر دیا
سنا شاہ نے جب رعیّت کا حال بہت ہی ہوا اس کے دل کو ملال
کہا ملک دوزخ ہے وہ بے گماں جہاں ایک دل بھی نہ ہو شادماں
میں خود جا کے دیکھوں گا ہر اِک مقام کروں گا رعیت کو اب شاد کام
ہوا میں وہ جب یوں نکلنے لگا بہت حال اس کا سنبھلنے لگا

اسے تندرستی کی دولت ملی
رعیت کو پائندہ دولت ملی

چھُڑانا شاہزادی کا
پھندے سے جادوگر کے

کہانی کے جنگل میں جاؤں گا میں
وہاں شاہزادی کو پاؤں گا میں
اگر مل گیا جادوگر کا پتا
تو کر دوں گا سر اس کا تن سے جدا
کہوں گا کہ او شاہزادی کے چور
میں دیکھوں گا اب تیرے جادو کا زور
بڑھوں گا ادھر 'یا علیؑ' کہہ کے جب
تو حیرت میں رہ جائیں گے سب کے سب
ہے زور اس قدر میری تلوار میں
کہ گردن اڑادوں گا اک وار میں
نہ ٹونا چلے گا نہ جادو کوئی!
نہیں اس کے بچنے کا پہلو کوئی

اگر مجھ کو یوں فتح حاصل ہوئی
بہت شاہزادی کو ہوگی خوشی
چلیں گے اسی وقت ہوکر سوار
کہ مغموم ہوں گے شہ نامدار
محل میں جب آئیں گے جنگل سے ہم
خوشی سے بدل جائے گا سب کا غم
سناؤں گا جب اس مہم کا بیاں
کہیں گے یہ تب شاہِ ذی عزّ و شاں
جو منظور ہو اس سے شادی تجھے
میں دیتا ہوں یہ شاہزادی تجھے
میں گردن جھکا کر کروں گا یہ عرض
کہ ہے حکمِ شہ ماننا میرا فرض

❖❖❖

جادو کی چھڑی

کرتا کوئی خاک اس سے شادی
جادو گرنی تھی شاہزادی

مرضی کے خلاف جس کو پایا
جادو سے پلٹ دی اس کی کایا

جس شخص نے کچھ مخالفت کی
جادو کی چھڑی ذرا چھوادی

پتھر وہیں ہو کے رہ گیا وہ
گویا دنیا ہی میں نہ تھا وہ

کیسے کیسے حسیں جواں مرد
آناً فاناً میں ہوگئے سرد

بے بس ہیں مگر تنے کھڑے ہیں
خاموش ہیں بت بنے کھڑے ہیں

اس کا آتا ہے جب مجھے دھیان
دل میں اٹھتا ہے اک مرے طوفان

جس ملک کا ذکر پڑھ رہا ہوں
جی میں ہے کہ خود وہاں میں جاؤں

شہزادی کے سامنے جو پہنچوں
آیت قرآں کی پڑھ کے پھونکوں

جھک جائے جب ہاتھ جوڑ کر وہ
اوپر کو نہ کر سکے نظر وہ

کہنے لگے ''رحم مجھ پہ کھاؤ
اللہ کے قہر سے بچاؤ''

میں اس سے کہوں ''الگ ہو ڈائن
چھو جائے نہ تجھ سے میرا دامن

پہلے اپنی چھڑی اٹھالے
تہ خانے کے کھول چل کے تالے

کیسے کیسے حسین جواں مرد
تیرے جادو سے ہوگئے سرد

پتھر انھیں کردیا ہے تو نے
کیسا یہ ستم کیا ہے تو نے

پہلے انھیں آدمی بنا تو
پھر کر کوئی مجھ سے التجا تو''

جب اپنا ہنر دکھا چکے وہ
سب کو انسان بنا چکے وہ

تب اس کو کچھ نہ کچھ سزا دوں
یعنی اس کی چھڑی جلا دوں

راہ نما بن جاؤں

درد جس دل میں ہو اس دل کی دوا بن جاؤں
کوئی بیمار اگر ہو تو شفا بن جاؤں
دکھ میں ہلتے ہوئے لب کی میں دعا بن جاؤں

اف وہ آنکھیں کہ ہیں بینائی سے محروم کہیں
روشنی جن میں نہیں نور جن آنکھوں میں نہیں
میں ان آنکھوں کے لئے نور و ضیا بن جاؤں

ہائے وہ دل جو تڑپتا ہوا گھر سے نکلے
اف وہ آنسو جو کسی دیدۂ تر سے نکلے
میں اس آنسو کے سُکھانے کو ہوا بن جاؤں

دور منزل سے اگر راہ میں تھک جائے کوئی
جب مسافر کہیں رستے سے بھٹک جائے کوئی
خضر کا کام کروں راہ نما بن جاؤں

عمر کے بوجھ سے جو لوگ دبے جاتے ہیں
نا توانی سے جو ہر روز جھکے جاتے ہیں
ان ضعیفوں کے سہارے کو عصا بن جاؤں

خدمت خلق کا ہر سمت میں چرچا کردوں
مادر ہند کو جنت کا نمونہ کردوں
گھر کرے دل میں جو افسرؔ وہ صدا بن جاؤں

❖❖❖

زبان

میری پیاری مری عزیز زباں　　تیرا شیدا ہوں تجھ پہ ہوں قرباں
روح کی ایلچی ہے دل کی امیں　　تیرا منصب بہت ہے ، عالی شاں
محرم راز ہے لقب تیرا　　یعنی کرتی ہے تو نہاں کو عیاں
پارۂ گوشت دیکھنے میں ہے تو　　ابر آسا مگر گُہر افشاں
شاہ ہو کوئی یا گدا کوئی　　فیض ہر اک پہ ترا یکساں
تیرے افسوں کی کوئی روک نہیں　　تیرے جادو کا ہے اتار کہاں
تیرے کاٹے کا ہے کہاں منتر　　تو وہ افعی کہ کہیئے دشمن جاں
کہیں نرمی سے دل کو کھینچ لیا　　کہیں تیزی سے مار دیں چھریاں
تو بناتی ہے دوست غیروں کو　　کرتی ہے دوستوں کو دشمن جاں
کہیں غیبت ہے تو کہیں چغلی　　تیری حالت ہو کس زباں سے بیاں

❖❖❖

ایک خط میں بچپن کی یاد

(لڑکیوں کے نیچرل جذبات)

(یہ نظم شمس العلماء مولوی الطاف حسین حالؔی کی ایک نثر سے ماخوذ ہے۔)

خط کو تمھارے دیکھ کر پیشِ نگاہ تم ہو اب
باتیں جو بچپنے کی تھیں آگئیں یاد سب کی سب

ہائے وہ دن ہَوا ہوئے باتیں ہیں سب کہانیاں
راتوں کو کون بیٹھ کر کہتا ہے اب کہانیاں

نیم کے نیچے بیٹھ کر کھیل وہ مجھ کو یاد ہے
تم بھی خوش اور میں بھی خوش میل وہ مجھ کو یاد ہے

ہوگئی کچھ جو چھیڑ چھاڑ تن گئے اک ذرا میں پھر
مل گئے اک ذرا میں دل من گئے اک ذرا میں پھر

کہتے تھے کس خوشی کے ساتھ بیٹھ کے دونوں پاس پاس
رنج نہ آئے اردگرد فکر نہ آئے آس پاس

گڑیوں کے رات دن نئے کپڑے بنائے جاتے تھے
ہوتی تھیں روز نسبتیں ، بیاہ رچائے جاتے تھے

لطف عجیب رہتے تھے موسم برشگال میں!
عیش نصیب رہتے تھے موسم برشگال میں

لیتے تھے جھولنے میں ہم پینگ بہت بڑے بڑے
پینگ لیا تو گر پڑے گر کے اٹھے تو ہنس پڑے

روز پڑھایا کرتے تھے راتوں کو بیٹھ کر جسے
مٹھو وہ ہائے مر گیا کوئی پڑھائے اب کسے

اب ہیں ہزاروں کا ہشیں جان ہے اک وبال میں
پہلے کے لطف بھول کر آتے نہیں خیال میں

جلد جواب خط کا دو اب یہ تمھارا فرض ہے
افسر خوش خیال کو میرا سلام عرض ہے

❖ ❖ ❖

میرا نیم

میرے اچھے نیم میرے بچپنے کے غمگسار
اف ہے کتنی روح افزا تیرے سایے کی بہار

تجھ سے اور ہر جزو سے تیرے محبت ہے مجھے
میرا بچپن گود میں گزرا ہے سایے کی ترے

چھت پہ جا کر جب تری شاخوں کو چھو لیتا تھا میں
کام وہ تھا یہ کہ جس کا شور کر دیتا تھا میں

ایک بھی تیری نبولی[1] ضائع کرتا تھا نہ میں
تھا بوا[2] کا ڈر کہ دامن ان سے بھرتا تھا نہ میں

تھے یہ میرے آم ان آموں کا سوداگر تھا میں
کچھ نہ تھا گو پاس لیکن پھر بھی اہل زر تھا میں

خوش نما خوش ذائقہ خوش رنگ تھے کم دام تھے
سچ یہ ہے احمد[3] کے آموں سے یہ اچھے آم تھے

تیرے پتے توڑنے والے مجھے بھاتے نہ تھے
تھی جنھیں پتوں کی حاجت میرے گھر آتے نہ تھے

وہ سحر کے وقت کی ہلکی ہوائیں اور تو
ہائے وہ برسات کی کالی گھٹائیں اور تو

جھولتا تھا جب ترے گدّوں میں جھولا ڈال کر
یاد بھی ہے تو خوشی سے جھومتا تھا کس قدر

ہائے وہ برسات آتے ہی سنور جانا ترا
مینہہ کے پانی میں نہا دھوکر نکھر جانا ترا

کاش ہوں پھر سب وہی باتیں وہی تو اور میں
پھر وہی دن وہی راتیں وہی تو اور میں

✤✤✤

۱ : افسرؔ میرٹھی کے گھر میں ایک نیم کا درخت تھا۔ یہ نظم اسی نیم سے متعلق ہے۔

۲ : مراد والدہ ہیں۔ افسرؔ میرٹھی کے خاندان میں بچے 'ماں' کو 'بوا' کہہ کر مخاطب کرتے تھے۔

۳ : احمد ایک پھل فروش کا نام ہے۔ جو افسرؔ میرٹھی کے یہاں آم فروخت کرنے آتا تھا۔

الدن[1] کا سفر

بہلی[2] تیار ہوگئی ہے
کرنا اب بات راستے میں
کب سے بیٹھی سنور رہی ہو
گاڑی والا پکارتا ہے
کہتا ہے ادیر[4] ہو رہی ہے

بھنیلی[3] سوار ہوگئی ہے
ہو جائے گی رات راستے میں
نا حق کیوں دیر کر رہی ہو
دیکھو وہ ہانک مارتا ہے
چلیے اب دیر ہو رہی ہے

آخر تیار ہوگئیں تم
دیکھو دیکھو سنبھل کے بیٹھو!
دیکھو تو بھلا کہاں میں بیٹھوں
کپڑوں میں ہے گاڑی بان کے بو

کس بات پہ میری ہنس پڑیں تم
پہلو اپنا بدل کے بیٹھو!
دو مجھ کو جگہ جہاں میں بیٹھوں
کیوں کر بیٹھوں ملا کر پہلو

بیلوں نے لیا کہیں نہ آرام
جنگل سے جو ہم گزر رہے ہیں
دل میں سب کے چور کا ڈر

پھر بھی رستے میں ہوگئی شام
اللہ کو یاد کر رہے ہیں
میں بیٹھ گیا ذرا سنبھل کر

آہٹ پتوں میں کچھ ہوئی ہے
للکار کے میں نے جب پکارا
اب دل کو ہوا سکوں میسر!
کھرکودے[5] سے نکل چکے ہیں
وہ سامنے ہیں چراغ روشن

دھڑکن ہر دل کی بڑھ گئی ہے
خرگوش نکل کے ایک بھاگا
اللہ کی حمد ہے زباں پر
پورے دس کوس چل چکے ہیں
دیکھو وہ آگیا ہے الدن

١ الدن تحصیل ہاپوڑ ضلع غازی آباد میں ایک چھوٹے سے گاؤں کا نام ہے۔
٢ یکّے کی مانند بیلوں کی چھوٹی گاڑی
٣ منہ بولی بہن ٤ دیر
٥ کھرکودا تحصیل ہاپوڑ میں ایک گاؤں کا نام ہے۔

دیوان خانہ

ہائے کتنی دلکشی ہے میرے اس دالان میں
لطف کب ہے یہ کسی کے قصرِ عالی شان میں

ہے پرانی چھت مگر مضبوط ہے اور خوب ہے
ہر کڑی ہر تختہ نظروں کو مری مرغوب ہے

اس کی دیواریں ہیں اچھی اس کے در ہیں خوشنما
طاق یہ چھوٹے بڑے سب کس قدر ہیں خوشنما

اس کے سادے حسن کو ہرگز مٹاؤں گا نہ میں
اس کی دیواروں پہ تصویریں لگاؤں گا نہ میں

اس کا یہ چھوٹا سا آنگن اس میں چھوٹا سا چمن
دیکھ کر جس کی طرف ہوتا ہے دل میرا مگن

مجھ کو دنیا ہی میں جنت کا پتا دیتا ہے یہ
سچ یہ ہے میرے خیالوں کو جِلا دیتا ہے یہ

جب تڑپ کر چاندنی راتوں میں کچھ گاتا ہوں میں
شوق سے اِک سننے والا پاس ہی پاتا ہوں میں

یہ سحر کا وقت یہ چڑیوں کا گانا اور میں
ہائے افسرؔ یہ مرا دیوان خانہ اور میں

گل بوٹے سلور جوبلی سیریز کے تحت مطبوعہ کتابوں کی فہرست

نمبر شمار	کتاب	مصنف	مرتب
۱۔	اُلٹا درخت اور ستاروں کی سیر	کرشن چندر	خان نوید الحق
۲۔	چچا چھکّن کے کارنامے/ تین اناڑی	امتیاز علی تاج/ عصمت چغتائی	ناصر علی شیخ / خان نوید الحق
۳۔	جن حسن عبدالرحمٰن	مترجم: قرۃ العین حیدر	خان نوید الحق
۴۔	چڑیوں کی الف لیلہ	کرشن چندر	خان عارفہ نوید
۵۔	خوفناک جزیرہ	سراج انور	خان نوید الحق
۶۔	بچوں کی نظمیں	حالیؔ/ سیمابؔ	ریحان کوثر
۷۔	بچوں کی نظمیں	تلوک چند محرومؔ	عرفان شاہ نوری
۸۔	بچوں کی نظمیں	اسمٰعیلؔ میرٹھی	ڈاکٹر محمد حسین مشاہد رضوی
۹۔	بچوں کی نظمیں	حفیظؔ جالندھری	محمد شریف
۱۰۔	بچوں کی نظمیں	نظیرؔ اکبر آبادی	محسن ساحلؔ
۱۱۔	بچوں کی نظمیں	شفیع الدین نیّرؔ	خان حسنین عاقبؔ
۱۲۔	بچوں کی کہانیاں	شفیع الدین نیّرؔ	خان حسنین عاقبؔ
۱۳۔	بچوں کی کہانیاں	ڈاکٹر ذاکر حسین	غزالہ فاطمہ
۱۴۔	دنیا کے رنگ ہزار	حسین حسان	سراج عظیم
۱۵۔	بچوں کی نظمیں	ابنِ انشاؔ / ساحرؔ / افسرؔ	حسنین عاقبؔ/ وجاہت عبدالستار
۱۶۔	بچوں کی نظمیں اور کہانیاں	کھلونا سے انتخاب	فرزانہ اسد
۱۷۔	بچوں کی کہانیاں	خواتین کے قلم سے	ڈاکٹر حلیمہ فردوس
۱۸۔	مزاحیہ مضامین	درسی کتب سے انتخاب	ڈاکٹر محمد اسد اللہ
۱۹۔	سیر و سیاحت	درسی کتب سے انتخاب	ڈاکٹر ناصر الدین انصار
۲۰۔	بچوں کی منتخب کہانیاں	درسی کتب سے انتخاب	محمد یٰسین اعظمی
۲۱۔	بچوں کی منتخب نظمیں	درسی کتب سے انتخاب	آصفؔ اقبال
۲۲۔	بچوں کے ڈرامے	درسی کتب/ گل بوٹے سے	انتخاب احمد
۲۳۔	بڑوں کا بچپن	مختلف کتب سے انتخاب	سیّد خالد
۲۴۔	بچوں کی نظمیں اور کہانیاں	گل بوٹے سے انتخاب	ظہیرؔ قدسی/ سیّد آصف نثار
۲۵۔	چھوٹی سی بات (اداریے)	فاروق سیّد	صائمہ فاروق سیّد
۲۶۔	**بچوں کے ادیبوں کی ڈائرکٹری**	**خصوصی پیش کش**	ڈاکٹر اشفاقؔ احمد/ محمد شریف